BRANDING
経験と場所のブランディング

地域ブランド・域学連携・ローカルアイドル・アニメツーリズム

大森寛文／片野浩一／田原洋樹［著］
Hirofumi Omori / Koichi Katano / Hiroki Tahara

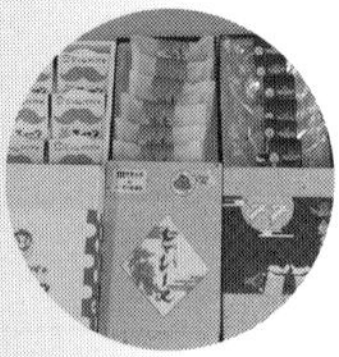

没後
150
歳三×日野
Toshizo Hijikata

千倉書房

はじめに～経験と愛着から場所のブランディングへ

本書は、地域ブランド、あるいは地域ブランディングをテーマに、特産商品、アニメツーリズム、アイドルコンテンツなどを題材にして、自治体、企業、大学など運営側からみた取り組みの事例を紹介するとともに、既存研究のレビューを幅広く行い、「経験と場所のブランディングモデル」を提案して、観光地を訪れる消費者・ユーザー側の行動を実証データで測定した結果の報告である。地域ブランドを特産品（農産品や加工品）から紹介する事例の実務的な成果は多数発表されており、街づくりやシティプロモーションの取り組みを紹介する書籍も多い。序章で紹介するが、全国の地方自治体（市区町村）は地域活性化の切り札となる地域資源として農水産品や観光資源を挙げているが、全国に多数派で存在する中規模の自治体が他地域の成功事例をそのまま応用できないこともあり、ギャップがある。

一方で、この分野のアカデミックな研究をみると、日本では企業・製品ブランドの理論を地域ブランドの特産品や街づくりに拡張する研究が見られ、海外では人文地理学や環境心理学をベースに観光地をプレイス・ブランディングとして研究する流れがある。そもそも「地域」が何を意味するかが、研究者の関心や文脈で異なるのが実情である。本書ではこの分野の研究の流れを可能なかぎり整理して課題を確認し、人文地理学と環境心理学、さらに観光心理学をベースとしたブランディングモデルを提案する。要約すれば、「個人の主観的な経験と意味の形成がその場所（place）への愛着と結びつきにつながる」ことを説明するモデルである。これを元に、アニメ聖地巡礼の街づくりや地ビールの事例を論じ、観光地のユーザー行動を測定した。

本書の第一の特色は、アニメ聖地巡礼の街づくりを自治体視点の事例研究と、信仰的巡礼地と比較する定量研究を取り入れ、地域ブランディングの枠組みの中で論じた点にある。アニメ聖地巡礼の研究は未だ黎明期にあるが、本書では相対的な視点で考察した。

第二の特色として、地域ブランディングの主体としてあまり取り上げられることのなかった大学の域学連携の事例がある。ローカル大学の文系学部が地域の企業や自治体と連携して商品やアイドルコンテンツを創出する取り組みも紹介した。

そして第三に、筆者の独自のブランディングモデルを使って複数の観光地における消費者・ユーザーの来訪行動を測定して相互の比較を通じて、それぞれの観光地の特徴をユーザー視点で明らかにした点である。伝統的な人気観光地に加えてテーマパークやアニメ聖地など現代の特徴的な場所も対象にした。

本書の結論は、東京都西部の多摩地域の事例と観光地の実証研究から導いた知見であり、まだまだ事例の蓄積が必要な研究であるが、共通する問題に直面している市町村自治体や企業、大学の関係者にとって本書が少しでも解決のヒントになれば幸いである。

◆

経験と場所のブランディング

―地域ブランド・域学連携・ローカルアイドル・アニメツーリズム

目次

目　次

第1部 地域ブランディングの事例研究　17

第3章　ローカルアイドルプロジェクト　81

第2部 理論とモデルの測定 139

第6章 モデルの測定 203

序章 地域ブランディングは活性化の切り札か

第1節　地域ブランドの多様性と地方自治体の課題

1. 地域ブランドと地方自治体の課題

日本における地域ブランド研究の潮流を見るために、「地域ブランド」をキーワードにして新聞記事に取り上げられた件数、研究論文として発表された件数の推移を示した（図表序-1参照）。「地域ブランド」という用語は、新聞記事では一九八二年から、研究論文では一九八九年から登場している。

図表序-1　地域ブランドに関する新聞記事および研究論文の件数の推移

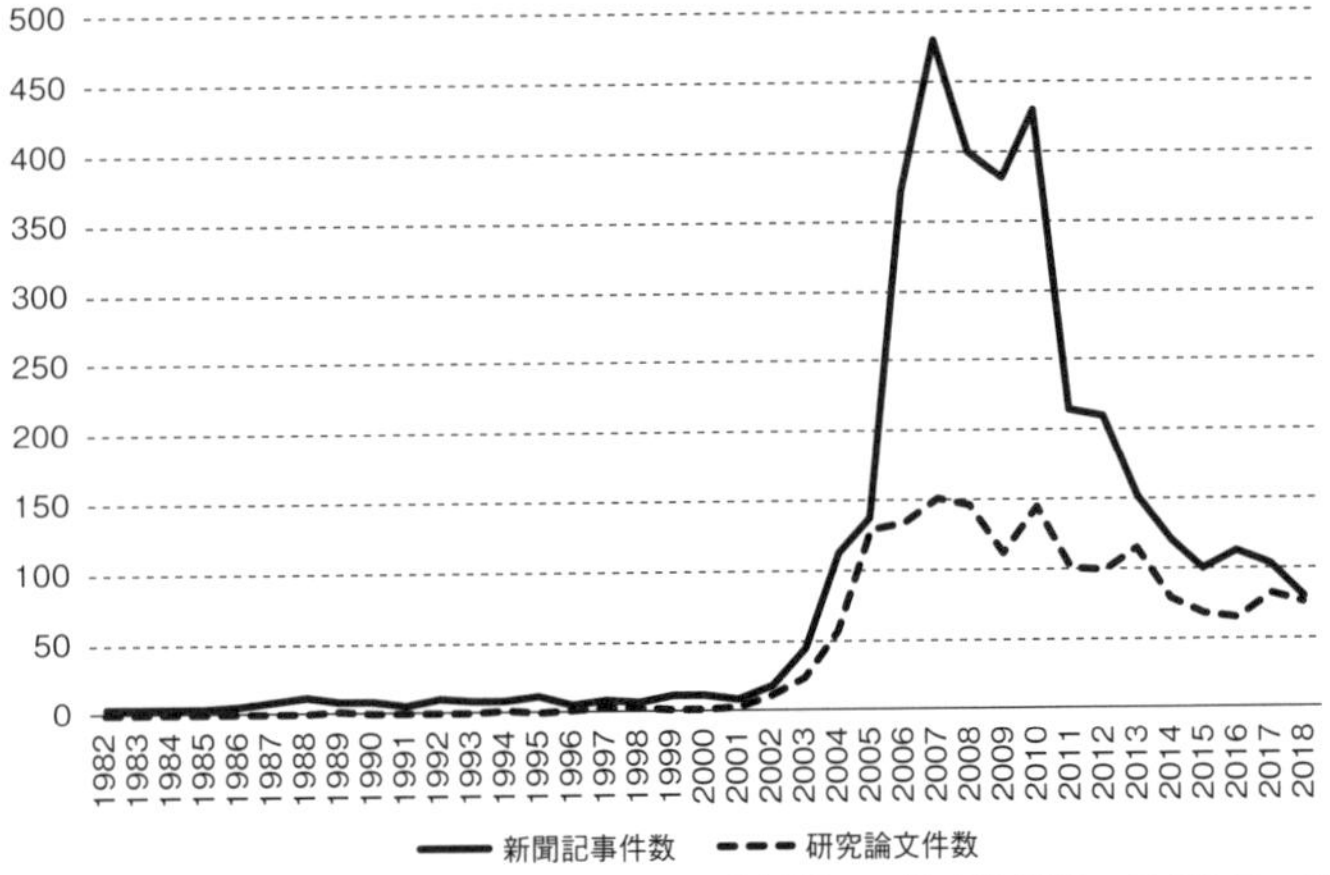

出所：新聞記事は日経テレコム（日本経済新聞、日経産業新聞、日経MJ、日経金融新聞、日経プラスワン、日経マガジン）、研究論文はCiNiiより筆者作成。

その後、双方とも二〇〇一年までは一桁台から十件前後の件数で推移するが、二〇〇五年にかけて急増し、一〇〇件超に達した。その後、新聞記事では垂直に立ち上がる勢いで増加し、二〇〇七年には四八〇件に至り、その後二〇一一年まで高い水準を維持する。急増の背景には、地域団体商標制度（二〇〇六年）、中小企業地域資源活用促進法（二〇〇七年）、農商工等連携促進法（二〇〇八年）、六次産業化・地産地消法（二〇〇九年）などの地域ブランディングを公的に支援する一連の法制度が整備され、その制度紹介や

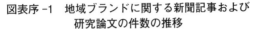

活用に関するニュースが急増した事情がある。その後は勢いが収まりつつあるが、二〇一七年の一〇三件、二〇一八年の七九件と決して低い水準とはいえない。他方、研究論文数も新聞記事ほどの急激な立ち上がりはなかったもののおおむね同様な傾向を示し、二〇〇五年以降は一〇〇～一五〇件程度の水準を維持し、二〇一八年でも七五件にのぼる。

このような地域ブランドの問題が注目されるのは、言うまでもなく地方経済の停滞がある。全国の自治体（市区町村）が直面している問題を『中小企業白書（二〇一四年版）』からみると、**図表序-2**のような自治体が抱える問題点がわかる。

自治体が回答した問題点に注目すると、「人口減少」「少子高齢化」「商店街・繁華街の衰退」「地域ブランドの不在」「観光資源の不在」と続く。上位の三つ、地域の人口が減少して少子高齢化が進むと、企業と経済が低迷して税収も減る。経済の低迷は、地元における消費の停滞につながり、小売・サービス業の廃業や撤退に拍車がかかり、街はいっそう衰退していく。そうした深刻な問題がある一方で、地域の魅力となる地域ブランドや観光資源も存在しない。こうした地方都市が衰退する負のスパイラルはなかなか反転することはないが、突破口として地域ブランドを付与する商品開発や街づくりに取り組んで経済効

図表序-2　地方自治体（市区町村）が直面する問題点

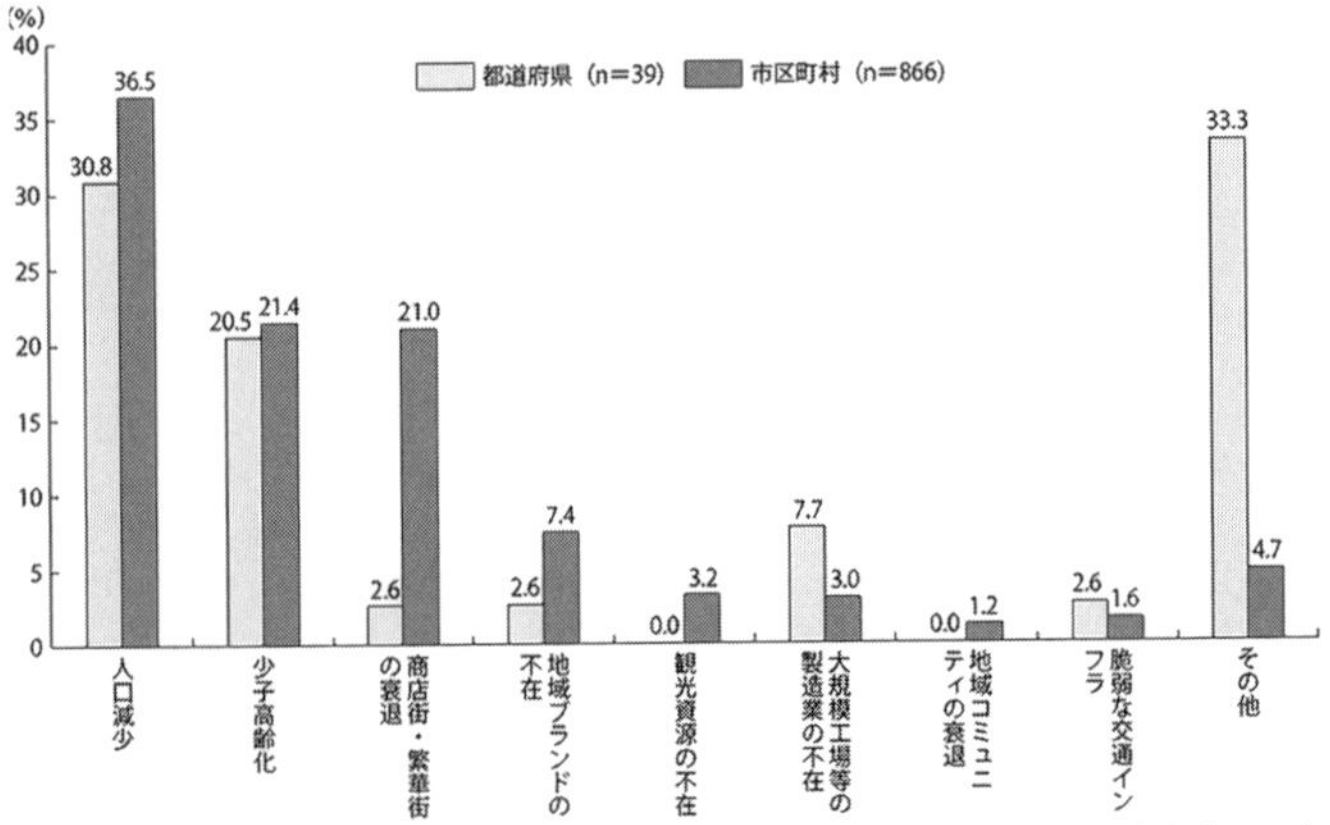

資料：中小企業庁委託「自治体の中小企業支援の実態に関する調査」(2013年11月、三菱UFJリサーチ＆コンサルティング（株))

注1：自治体の抱える課題について1位から3位を回答してもらった中で、1位として回答されたものを集計している。

注2：都道府県の「その他」には、「震災からの作業復興」、「内外経済環境の変化」、「製造品出荷額の減少」、「県内就業率が低い、県での消費が多い」、「ものづくり産業の空洞化」、「県民所得低迷」等を含む。

出所：『中小企業白書2014年版』p.89。

果を上げながら、歴史や文化に頼らない新たな観光資源の創出に取り組む。そこから経済効果をアピールしながら関係人口（定期的に当地を観光や体験就労などで訪れる人たち）を増やし、住みやすい暮らしを提供する施策で定住人口を増やしていく方法がある。地域ブランディングは地方の再生や活性化の有力な契機として期待されるのである。この調査では、同じく自治体にこれらの問題点に対して対応策を講じているかも問

図表序-3　地域活性化の切り札としての地域資源

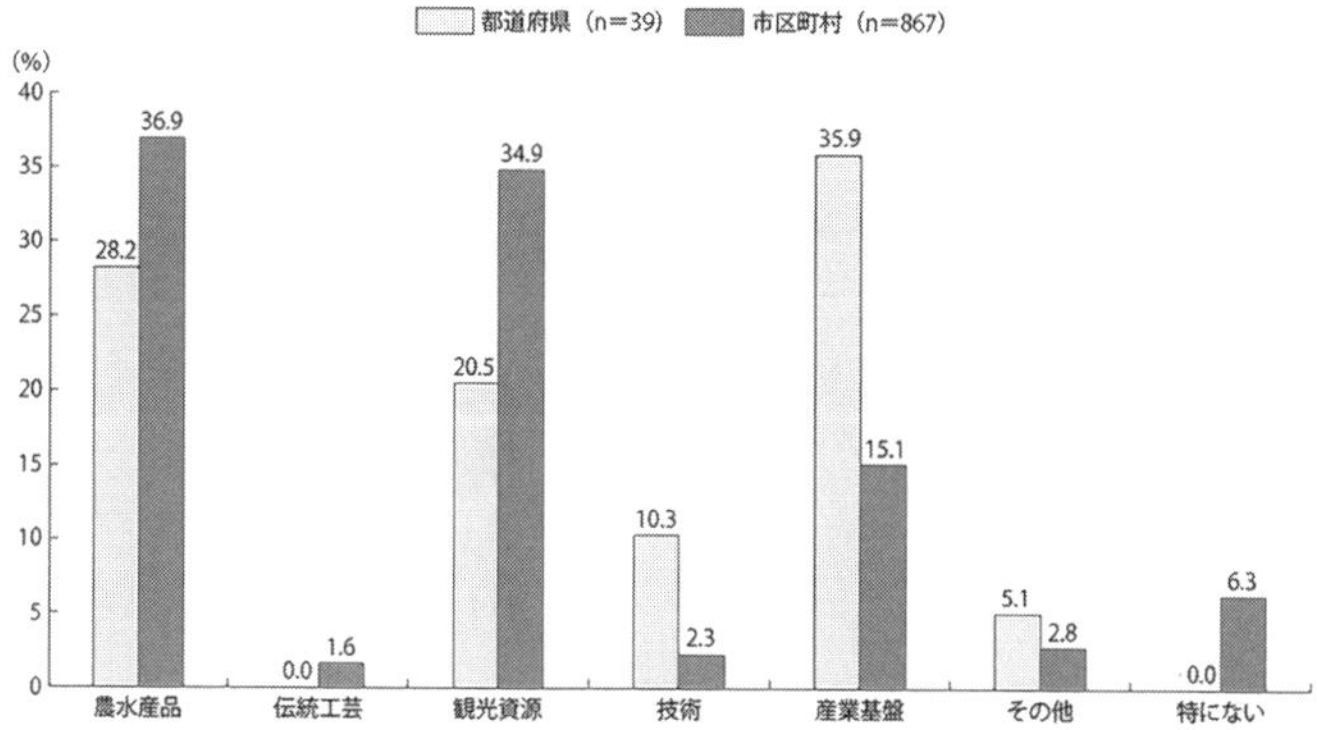

資料：中小企業庁委託「自治体の中小企業支援の実態に関する調査」（2013年11月、三菱UFJリサーチ&コンサルティング（株））

注：地域活性化の切り札となる地域資源として1位から3位を回答してもらった中で、1位に回答されたものを集計している。

出所：『中小企業白書2014年版』p.115。

うており、「一定の成果が出ている」との回答は二割以下であり、八割超が対応策を講じていないか、講じていても成果が出ていない。

同じ調査では続いて地域活性化の切り札となる地域資源が挙げられており、自治体は「農水産品」と「観光資源」の二つを回答している（**図表序-3**）。

中小企業地域産業資源活用促進法に基づく事業計画の認定件数一二一四件（二〇〇七年～二〇一三年度の累計）の内訳は、農林水産物が三六パーセント、鉱工業品五七パーセント、観光資源七パーセントであった（中小企業庁調べ）。事業計画は中小企業・小規模事業者が個別または共同で申請を行うが、地方自治体が地域資源を活性化の切り札として注目する観光資源の活用計画は少なく、自治体と主体となる民間企業との間に隔たりがある。自治体が観光資源を地域活性化に生かしたいという期待は強くても、実際に観光の事業計画を立案しようとする企業の申請数に結びつかず、観光資源を事業計画に生かすクリエイティブな企画力と実行する組織力が求められる。

2. 地域ブランディングの付与対象の多様性

地域ブランドを具体的な地域資源に付与する地域ブランディングは、各地のユニークな地域資源にブランドを付与しようと懸命に取り組まれているが、具体的にはどのようなものを対象としているのだろうか。新聞記事をもとにその一端を示したものが**図表序－４**である。ここでは、地域ブランドを付与した対象として地域資源を、商品を対象とした「地域特産物」と、地域の観光名所や街並み等を対象とした「観光地・街並み」の大きく二種類に区分した。

「地域特産物」は、農林水産物（果物、野菜、畜産品、水産物）、加工食品（地元食材を用いた缶詰やスイーツ、味噌、醤油、漬物、そば、うどん、酒等）、工芸品（各種革製品、木工

図表序-4　地域ブランディングの付与対象

	地域特産物			観光地・街並み			合計
	農林水産物	加工食品	工芸品	伝統・文化	歴史・遺産	街並み	
1984-1988年	6	5	3	0	0	8	22
1989-1993年	8	12	4	0	0	1	25
1994-1998年	23	26	1	0	0	2	52
1999-2003年	42	23	7	7	0	8	87
2004-2008年	833	610	168	47	5	103	1,766
2009-2013年	897	460	79	40	10	89	1,575
2014-2018年	245	185	37	16	8	61	552
合計	2,054	1,321	299	110	23	272	4,079

注：1984-2018年の各記事タイトルのテキストマイニングを行い、地域ブランドの付与対象としている地域資源と考えられる単語を表中の六つのカテゴリーに分類した。

出所：新聞記事は日経テレコム（日本経済新聞、日経産業新聞、日経MJ、日経金融新聞、日経プラスワン、日経マガジン）より筆者作成。

品、焼物、繊維製品、ガラス製品等）など三種類がある。「観光地・街並み」は、街並み（商店街、人々の交流拠点としてのカフェ、空き店舗活用等）、歴史・遺産（産業遺産、宿場町、各種街道等）、伝統・文化（伝統的なお祭り、音楽・文化イベント等）など三種類がある。

新聞記事ベースでみると、総じて「地域特産物」の件数が多く、中でも農林水産物が全体の半数近くを占め、次いで加工食品、工芸品と続く。他方、特に二〇〇四年以降になると、まちづくり、伝統・文化、歴史・遺産などを活用した地域ブランディングの活動が活発になる。

いずれにせよ、日本の地域ブランディングは、商品（農林水産物、加工食品、工芸品）を中心としながら、地域のさまざまな観光資源（伝統・文化、歴史・遺産、街並み）に至るまでの有形・無形の多様な地域資源を活用した取り組みであることが分かる。

第2節　地域ブランディングと東京・多摩地域

地域ブランディングを考える上で、本書第1部では歴史的・文化的資源や経営資源を十分保有しているとはいえない、中堅のローカルな自治体、企業、大学にフォーカスして、商品・サービス・コンテンツの開発や街づくりに関する事例を取り上げる。その地域は東京都西部の多摩エリアを選んだ。多摩エリアは都区内に隣接して産業と経済が発展してきたが、近年では全国の地方圏と同様に人口減少と少子高齢化、地域産業の低迷などの問題に直面しており、地域産業の再生は喫緊の課題である。その中で、世界的あるいは国内で高い知名度とブランディングを獲得した事例は、他の先行する研究や書籍でも取り上げて考察されており、視察と勉強の対象にはなるが、自分の自治体で実践するとなると距離がある場合もある。本書では、いわゆるメジャーではない地域、全国に多く存在する身近な

図表序 -5　地域ブランディングの事例

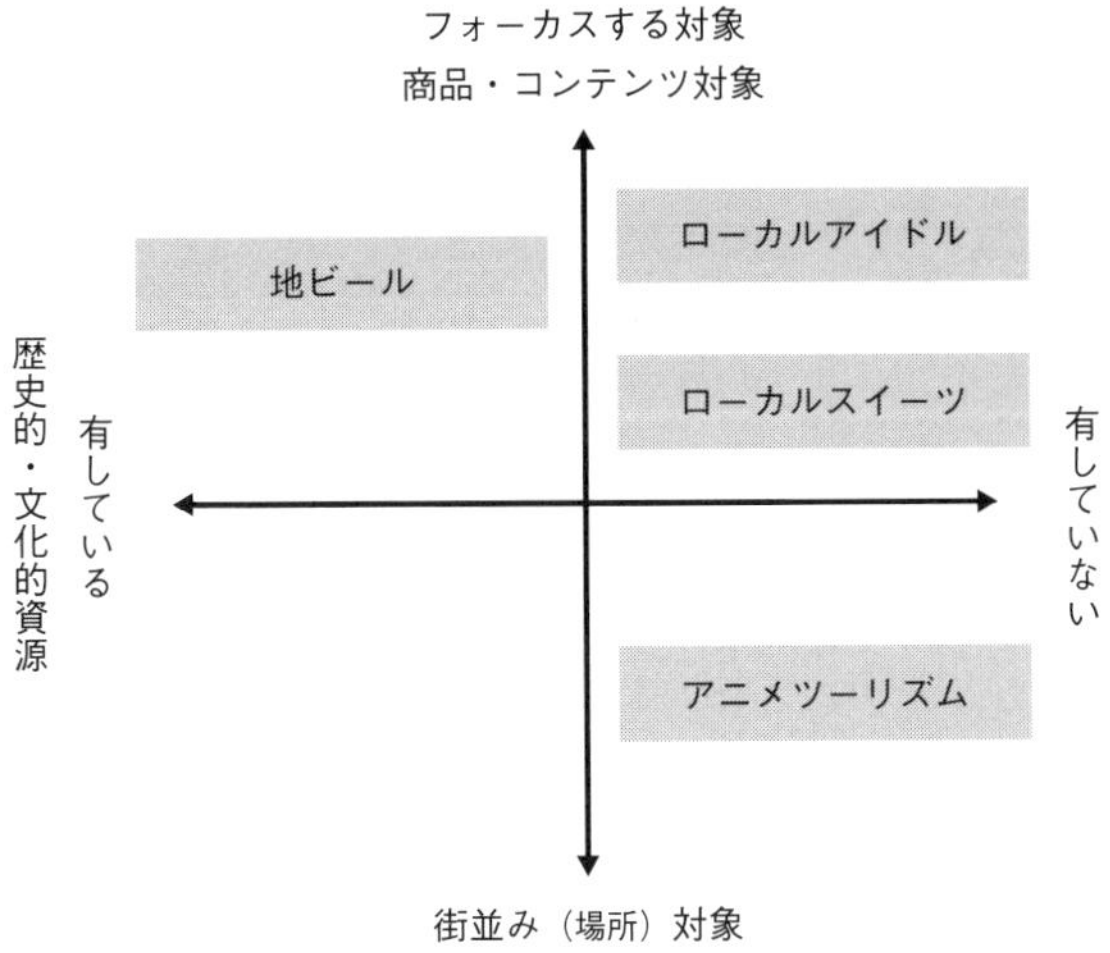

地域の自治体や企業、大学に注目した。その成果は上がっているとはいえないものもあるが、継続して取り組まれており、近隣で競争力のある街や観光地に対抗して来訪客を競争で奪うというよりも、競争力のある場所に負けて消えてしまわないように共存を目指す多摩エリアの事例である。そのためにどんな特色を出して存在価値を地域に表現していけばよいのかが、試行錯誤のプロセスから観察できる。また、その取り組みは商品開発やマーケティング戦略の立案だけで実現するものではなく、地域内の限られた人材や組織をどのように集めて活用するかという運営やマネジメントの活動に多くを依存する。四つの事例には、いず

れも人材や組織の運営が詳細に記述されている（図表序-5）。

歴史的・文化的資源を有している事例が、「TOYODA BEER」である。「TOYODA BEER」は多摩地域最古のビールであり、当時の商品パッケージや製造方法など文化的な資源を活用して自治体（東京都日野市）が主導で地域振興のシンボルとなるブランド商品に育てようとしている。

一方で、中堅のローカルな自治体、企業、大学が歴史的・文化的・経営的資源を保有せず、ゼロから商品やコンテンツ、街づくりに取り組む事例がある。東京都立川市はアニメツーリズムによる街づくりを推進する。ヒット作品の単発性に依存せず、一〇年近くにわたり、多数の作品舞台として取り上げられ、地元企業や商工会議所がアニメ聖地の街づくりの仕組みを主体的に作り上げて定着させている事例である。また東京都日野市に立地する明星《めいせい》大学は、多摩地域を顧客基盤とする中堅私立大学である。域学連携として大学と地域（自治体や企業、消費者）が協働し、ローカルスイーツ商品の開発を経営学部の学生が授業として取り組んだり、ローカルアイドルプロジェクトとして学生中心にアイドルコンテンツを創出してプロデュースしたりしながら、地域と大学の生き残りと存在価値を示そうとする取り組みである。

第3節　観光地と地域ブランディング

全国の都道府県と自治体が観光資源を地域活性化の切り札として期待するのは、近年の日本の観光需要が高まっているからである。特に、二〇一三年に一〇〇〇万人程度であった訪日外国人旅行客数が急増し、二〇一八年には三一一九万人と三倍以上に伸びた（日本政府観光局資料から観光庁まとめによる）。訪日外国人旅行者数が増加している要因として、近隣のアジア諸国を中心としたアウトバウンド需要が増える中で、観光を地方創生の切り札や我が国の成長戦略の柱と位置づけて、ビザ発給緩和や外国人旅行者向け免税制度の拡充等、これまでにない大胆な取り組みを実行するとともに、航空・鉄道・港湾等の交通ネットワークインフラの充実、多言語表記をはじめとする受入環境整備等への関係者の協力、日本政府観光局をはじめとしたインバウンド関係者が連携して取り組んだプロモーション等の成果によるものと考えられる（『観光白書』令和元年（二〇一九年）版より）。全体として日本国内の旅行消費額も堅調に増加傾向にある（**図表序-6**）。

二〇一八年の国内の旅行消費額は二六・一兆円であり、内訳は日本人国内宿泊旅行が

図表序-6　日本国内の旅行消費額

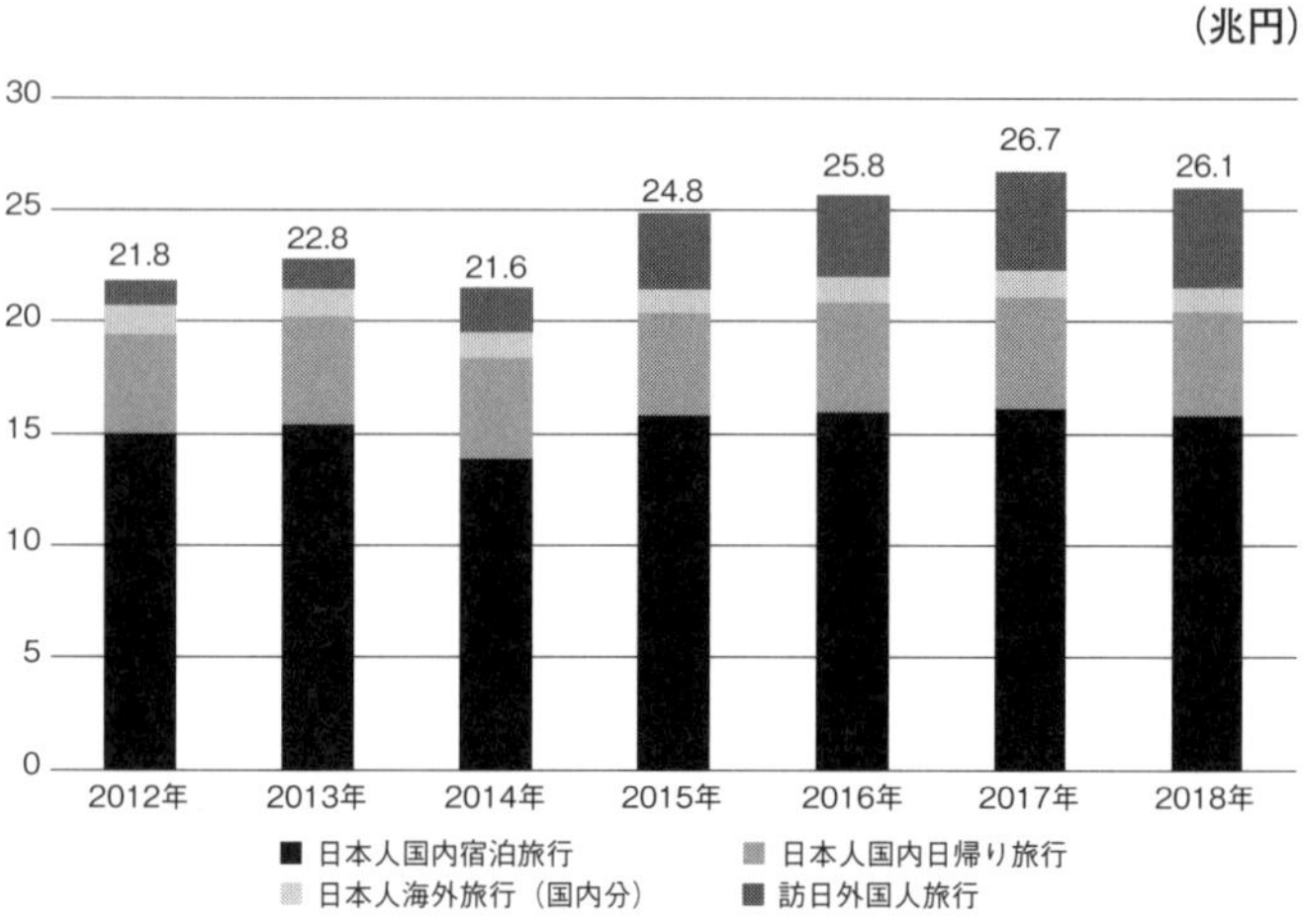

出所：観光庁「旅行消費動向調査」「訪日外国人消費動向調査」より。

一五・八兆円（六〇・六パーセント）、日本人国内日帰り旅行四・七兆円（一七・九パーセント）、訪日外国人旅行四・五兆円（一七・三パーセント）と続く。二〇一二年の全体二一・八兆円から二〇一八年の二六・一兆円に増えたのは主として訪日外国人旅行の消費であり、日本人の国内宿泊旅行と日帰り旅行の消費はほぼ横ばいである。こうした訪日外国人の旅行需要をさらに拡大するために、政府は二〇一六年に「明日の日本を支える観光ビジョン」を策定して訪日外国人旅行者数四〇〇〇万人・訪日外国人旅行消費額八兆円等の目標（二〇二〇年度）を定め、この目標達成のために観光地域づくり法人（DMO）の設立も各地域で進んでいる（同白書より）。

この訪日外国人旅行客の旅行目的として、近年は体験・体感を楽しむ「コト消費」が増えている。**図表序-7**は、二〇一四年と二〇一八年の比較で地方部に食事やショッピング以外のコト消費で訪れた割合が高くなっていることを示している。

このコト消費とは、旅行者が観光地を訪れて体験・体感する経験そのものであり、近年では「経験の経済（experience economy）」と呼ばれて注目されてきた。Pine and Gilmore（1999）によれば、経済システムは経験の価値を中心に進化・発展していくと主張した。従来の経済システムは、経済発展の歴史からみると、農業経済から産業経済、サービス経済へと進展し、現在は経験が価値を生む経済へ進化していると指摘する。提供物としての経済価値は、コモディティ（代替可能な自然界からの産物）、製品（その用途から規格化されたもの）、サービス（他人にはしてもらいたいが、自分ではしたくない仕事）、経験（顧客を魅了してサービスを思い出に残る出来事に変わる）へと進展していく。顧客が製品・サービスに対して機能やベネフィット（便益）だけを求めるようになるとコモディティ化が進む。製品・サービスの提供側は、顧客の心の中に形成される情緒や感性に基づいた経験を提供することで、経済価値を高めていける。観光地の経済効果も、まさにこの経験価値から創

図表序 -7　訪日外国人旅行者による「コト消費」と地方訪問との関係

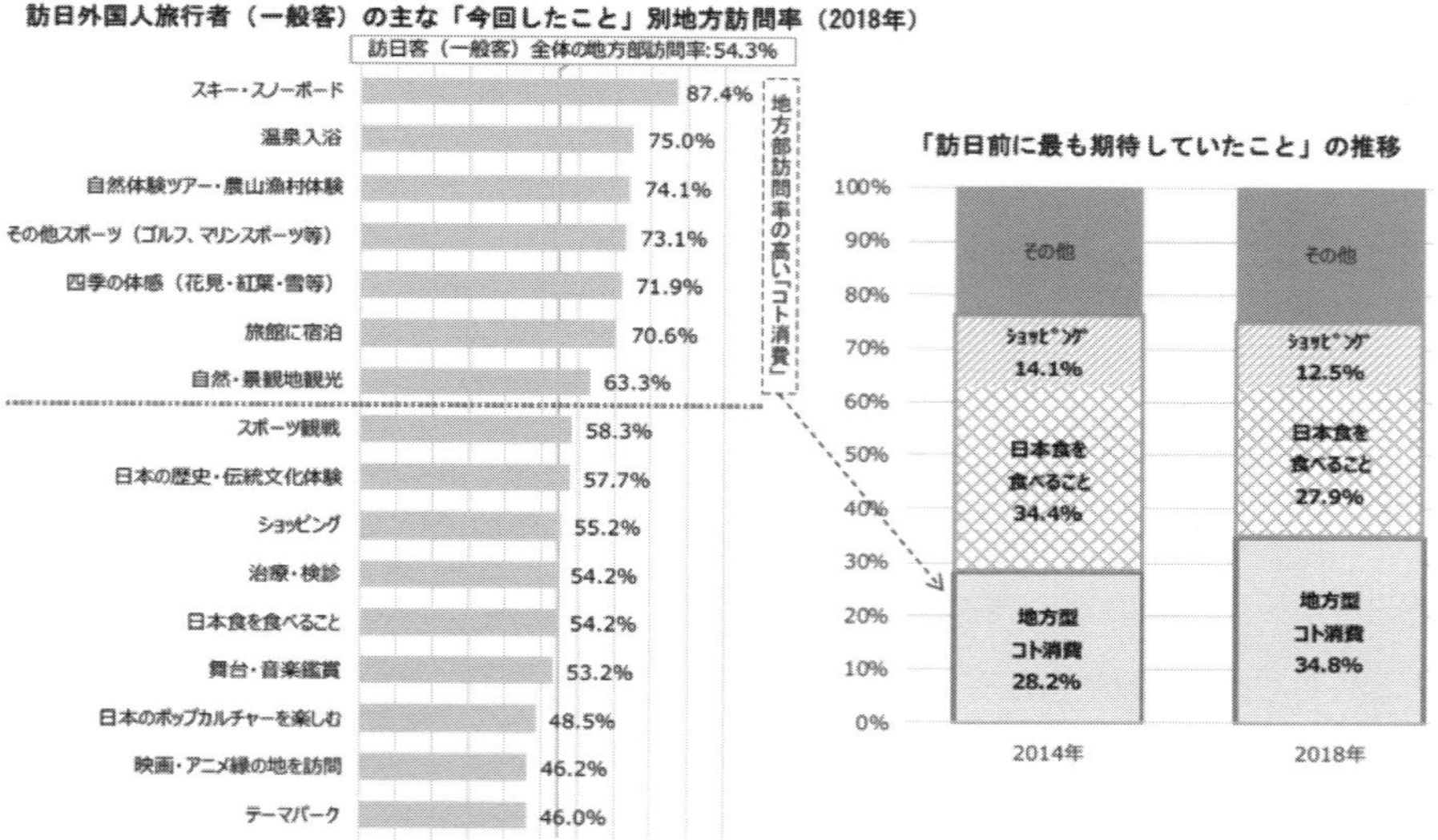

資料：観光庁「訪日外国人消費動向調査」に基づき観光庁作成。

注1；三大都市圏とは、「東京、神奈川、千葉、埼玉、愛知、大阪、京都、兵庫」の8都府県を、地方部とは三大都市圏以外の道県をいう。

注2；それぞれの選択肢について、「今回したこと」として選んだ訪日外国人旅行者のうち、地方部を訪問した人の割合。

注3：「今回したこと」として選択した訪日外国人旅行者の地方部訪問率が60%以上となる項目を「地方型コト消費」として分類した。

出されるといえよう。経験価値を生み出すコト消費は、外国人観光客だけでなく、もちろん日本人観光客の旅行消費を増やすためにも有効であり、観光資源をプロモーションする上での出発点になる。

では、観光地がユーザーに提供する経験価値とはどのようなものか。本書第2部では、多摩地域（南多摩エリアと立川市）にある代表的な観光地を対象に、日本人来訪者に質問紙調査を実施した結果を報告する。「自然・景観地観光」「四季の体感」に当てはまる高尾山、「日本の歴史・伝統文化体験」にあたる高幡不動尊金剛寺、「テーマパーク」からサンリオピューロランド、「映画・アニメ縁の地」から立川アニメ聖地を選んだ。いずれも東京都西部では人気の観光地であり、経験価値を取り込んだ「経験と場所のブランディングモデル」を使って統一的に測定・分析する。

参考文献

Pine, B. J. & Gilmore, J. H.（1999）*The Experience Economy*, Harvard Business School Press.（岡本慶一・小高尚子訳『新訳 経験経済』ダイヤモンド社、二〇〇五年）

経済産業省中小企業庁編『中小企業白書』（二〇一四年版）

国土交通省観光庁編『観光白書』（平成三〇年版、令和元年版）

（大森　寛文・片野　浩一）

第1部

地域ブランディングの事例研究

第1章〜第4章の要旨

第1章と第2章では自治体主導の街づくりと地域ブランド開発を紹介する。

第1章は、自治体のアニメツーリズムの事例である。東京都立川市にある近未来的な都市景観をもつ街が、多くのアニメ作品の舞台地となり、自治体が積極的に地域振興に生かす。他の観光地にはない疑似体験による経験価値を来街者に提供する取り組みを紹介する。

第2章は、東京都多摩地域で最古とされる地ビールの復刻とこれを地域振興に生かそうとする自治体の取り組みである。130年前に埋もれていた文化資源を手掛かりに、ラベルとパッケージング、品質などゼロから商品開発を行い、マーケティングと販路開拓を行う。

第3章と第4章では域学連携として東京都多摩地域の中堅私立大学が学生・教員などのリソースを生かして地域振興に向けたコラボレーションに取り組む事例を紹介する。

第3章はローカルアイドルプロジェクトである。経営学部でマーケティングを専攻するゼミナールの所属学生が、商品開発のプロセスを応用してローカルアイドルユニットを創り、ライブやイベントを中心に地域の企業や商店街を応援するプロジェクトに取り組む。地域活性化と学生の社会人基礎力の向上に向けて活動する。

第4章はローカルスイーツ開発プロジェクトである。同じく経営学部の1年次学生がPBL（Problem-based Learning：課題解決型学習）型授業として地域和菓子店の新商品パッケージとネーミングの企画開発に取り組む。複数チームで企画案を競い、優勝チームの作品は実際に商品化されて店頭に並ぶ。商品の話題性と地域商品の知名度につながるとともに学生の社会人基礎力も授業後に向上した。

第1章 アニメツーリズムの街づくり
——とある自治体の地域振興

第1節　クールジャパンとアニメツーリズム

自治体の地域振興策には、歴史や文化に根差す観光資源とこれを活用した商品・サービスの開発事例が目立つ。しかし、全国すべての地域が振興の基盤になる資源に恵まれているとは限らない。もともと地域に存在する資源に頼らずに、魅力的なコンテンツを開発、または活用して地域活性化に生かす方法もある。コンテンツ・ツーリズムとは、そうしたコンテンツ（ここでは特に情報財や知的財）の価値に地域の消費者や企業が理解したうえ

図表 1-1　コンテンツ・ツーリズム推進のフレーム

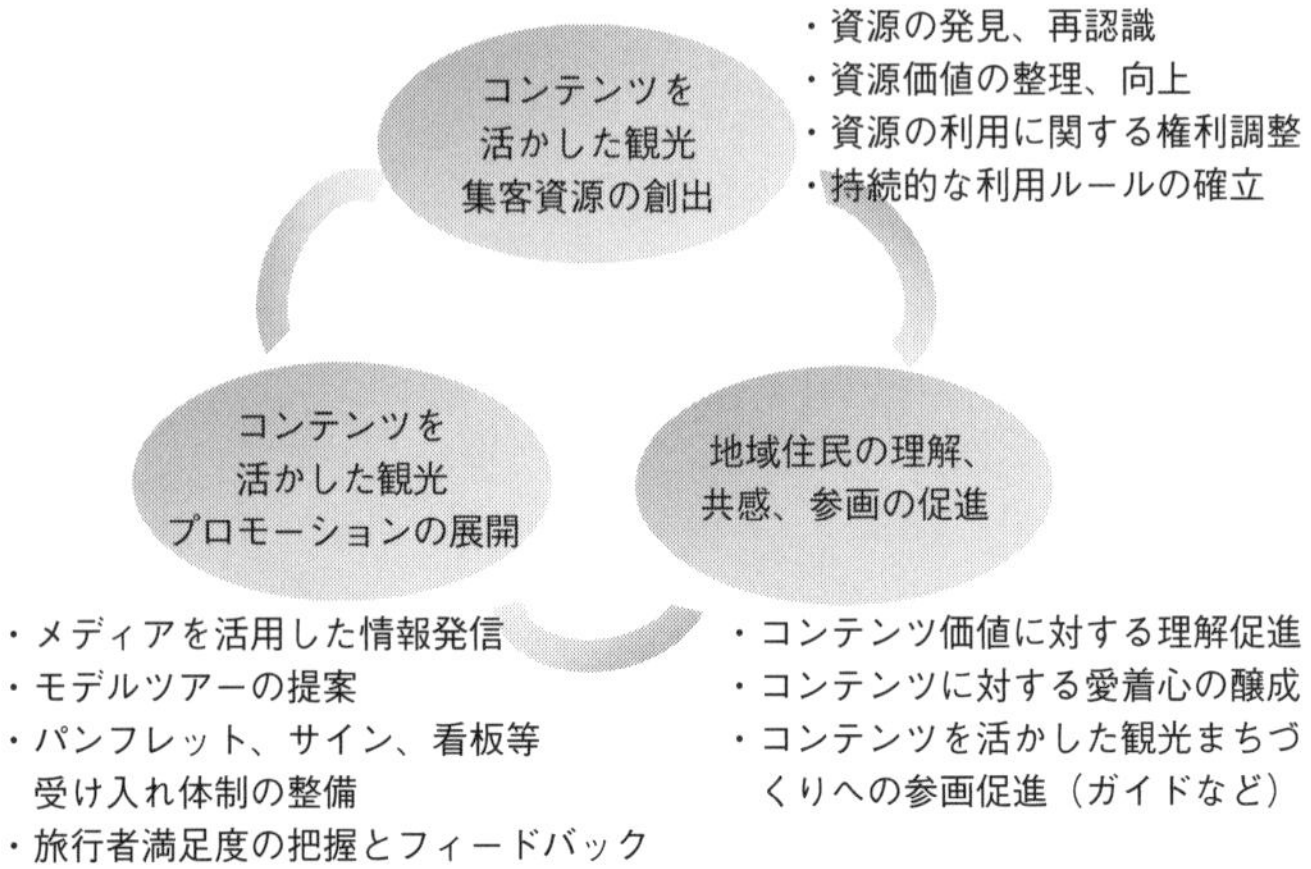

出所：『コンテンツツーリズム入門』古今書院、2014 年。

で、街ぐるみでマーケティングやプロモーションを展開しながら、観光客の誘致を目指す取り組みである。まず、コンテンツを生かした観光の集客資源を創発し、地域住民の理解、共感を促して参画を求める。そして、地域の消費者、企業、自治体が一体となって、そのコンテンツを生かした観光プロモーションを展開する（コンテンツ・ツーリズム学会、二〇一四）。コンテンツの価値を資源とした観光促進には、これまでにも小説や映画、テレビの舞台を訪ねる例が見られたが、近年注目されるのはアニメーションやゲーム作品の舞台を訪ねる「アニメ聖地巡礼」のブームである（**図表1-1**）[1]。

このアニメ聖地巡礼が観光促進の有効策として注目されるのは、内閣府の「クールジャパン戦略」の方針もある。クールジャパンとは、外国人がクールと捉える日本固有の魅力（アニメ、マンガ、ゲーム等のコンテンツ、ファッション、食、伝統文化、デザイン、ロボットや環境技術など）であり、クールジャパン戦略は、クールジャパンの、①情報発信、②海外への商品・サービス展開、③インバウンドの国内消費の各段階をより効果的に展開し、世界の成長を取り込むことで、日本の経済成長につなげるブランド戦略を指す（内閣府 知的財産戦略推進事務局二〇一九年二月より）。

このアニメ聖地巡礼を促進する一般社団法人アニメツーリズム協会は、協会の理念として、アニメに携わるすべての人に寄り添い、アニメ業界と地域の発展を願いつつ、世界から選ばれる地元と日本に貢献することを理念に、毎年「アニメ聖地」を八八か所選定することでオフィシャル化（認定）を行い、さらに「アニメ聖地」をつなぐ広域周遊観光ルートを紹介している（**図表1-2**）。一つの作品に対して一つの地域を「アニメ聖地」として認定し、海外・国内に発信して、観光客とアニメ聖地をつなぐ活動を推進している（同協会ホームページより）。

全国のランキングでは、アニメ聖地巡礼と自治体の取り組みの先駆けとなった「らき☆

図表1-2　訪ねてみたい日本のアニメ聖地88の例
（東京都市部のみ抜粋）

作品名／施設名／イベント名	自治体名
ケロロ軍曹	東京都西東京市
SHIROBAKO	東京都武蔵野市
そにアニ―SUPER SONICO THE ANIMATION―	東京都武蔵野市
水木マンガの生まれた街	東京都調布市
青梅赤塚不二夫会館	東京都青梅市
とある科学の超電磁砲	東京都立川市
薄桜鬼　真改	東京都日野市
サンリオピューロランド	東京都多摩市
デート・ア・ライブ	東京都町田市

出所：アニメツーリズム協会、2018年版。

すた」の埼玉県久喜市を初め、「刀剣乱舞―ONLINE―」の東京都台東区、「ガールズ&パンツァー最終章」の茨城県大洗町、映画がヒットした「君の名は」の岐阜県飛騨市など人気作品の舞台となった聖地が数多くランキングされている。

アニメ聖地巡礼を観光プロモーションに生かそうとする自治体の取り組みにおいて、大きな課題となるのが偶発性と継続性の問題である。作品の舞台として取り上げるかどうかは制作サイドの意図と方針であり、舞台地域にとっては偶発的かつ受け身であり、また作品のヒットで一時的に注目と人気が拡大して観光客が急増しても、作品の終了とともにそのブームも終焉してしまうという継続性の問題がある。本章では、アニメツーリズムの街として、特定の作品に依存せず、多数の作品舞台として取り上げられている街が、どのようにツーリズムを始め、展開しているかについて記述し、地域の歴史的・文化的資源をもたない自治体が、アニメコンテンツを通じて街づくりを進める意義や課題について考察する。

ここで巡礼とは、一般に宗教の聖地や霊場を巡り礼拝する行動であり、ある種の宗教的な感情や意図をもって、俗の世界から聖世界にある聖地を巡ることである（藤原、一九九九）。世俗の世界が日常的で自由・不自由がある空間であるのに対して、純粋で宗教的な巡礼行動は非日常的で、かつ不自由な苦行を伴う。これに対して、アニメを含むコンテンツの聖地巡礼は宗教的な感情や信仰を伴わず、非日常的であるが自由な空間における行動である。この意味で、アニメツーリズムのユーザーがコンテンツ作品にゆかりの地を訪れる行動を、元来、宗教的感情と苦行性を伴う意味の「巡礼」と呼ぶかどうかは議論があるが、ここではファンユーザーが大切にする作品舞台を聖地と呼び、その場所を自由に訪れる行動を巡礼と称する最近の慣行に従って紹介していく。

第2節　とある自治体のプロモーション

1．東京都立川市

立川市は、東京都の多摩地域にある人口約一八万人の都市であり、地理的には多摩川の中流域、武蔵野台地に立地する。東京都のほぼ中央、西よりに位置しており、多摩地域の中心部分にあって、昭島市、小平市、日野市、国分寺市、国立市、福生市、東大和市、武蔵村山市、と接している。市域の南側には東西に多摩川が流れ、北側には武蔵野台地開墾の源となった玉川上水の清流が流れており、地形は平坦である。ＪＲ立川駅周辺は商業集積が発展し続けており、市域の中央部分には国営昭和記念公園や広域防災基地などもある。また市域の北部には都市農業や武蔵野の雑木林など緑豊かな地域を形成している。市域中央には東京都の東西を結ぶＪＲ中央線が走り、東京駅から立川駅までの距離は三七・五キロメートル、特別快速電車で四〇分の距離である。多摩地域では町田駅・吉祥寺駅・八王子駅と並び駅前が発展しているが、モノレールとオフィス街を有する立川駅は近未来都市のような構造物と景観になっている。その立川駅にはＪＲ青梅線、ＪＲ南武

図表 1-3　JR 立川駅前の様子
（左は駅前北口、右は多摩モノレール）

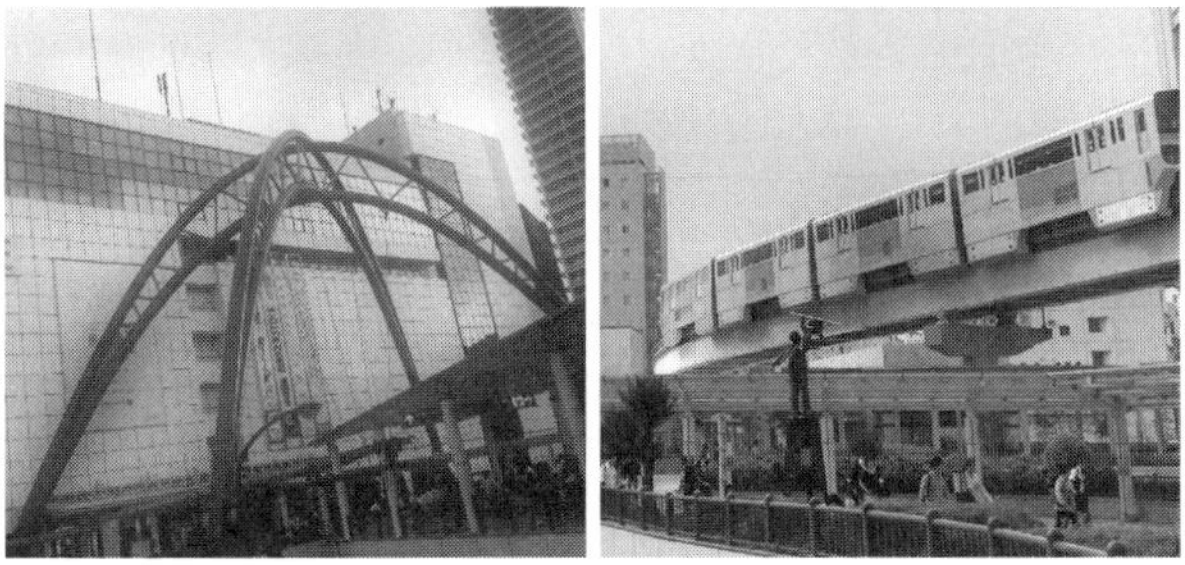

出所：筆者撮影。

線、ＪＲ五日市線が乗り入れているほか、多摩都市モノレールが多摩センター駅から立川南・立川北駅を経由して上北台駅へ達し、立川駅が多摩地域の交通の要衝となっている。また立川市は、国から首都圏の「業務核都市」に位置づけられ、商業や業務などの集積が図られるとともに、文化、研究、防災などの広域的な都市機能が整備され、拠点形成が現在も続いている。自衛隊立川基地跡地を利用した「ファーレ立川」は商業・業務中心の近代的ビルが立ち並び、世界各国からの一〇九ものアート作品が街と一体となって新しい都市空間を創出する。ＪＲ立川駅の周辺には歩行者専用のデッキが整備され、大手百貨店や大型スーパーなどが数多く出店して多摩地域の商業中心地となっている（図表1－3）（以上は立川市公式ホームページより）。

この立川市を舞台にしたアニメやマンガは、今や一〇作品を超え、他地域にはない継続性をもたらしていると考えられる。特定の作品世界と街の連想が強く結びついている都市というよりも、その無機質で未来的な景観がむしろ作品のイメージを阻害しないという意味で、異なる作品世界に取り入れられているのである。

2. アニメ聖地の偶発的誕生(2)

図表1-4は、二〇一九年春までに立川観光協会が、作品の版権元と協力してイベントを開催した作品一覧である。このうち、「とある魔術の禁書目録（インデックス）」と「とある科学の超電磁砲（レールガン）」は先のアニメツーリズム協会から聖地として認定されている。その偶発は次のように始まった。

平成二二年（二〇一〇年）五月、ある立川市役所職員がテレビ番組の「ゴールデンウィークに行ってみたいサブカルチャーの街」ランキングで「立川」が第三位に挙げられているのを見たところから始まる。フジテレビの朝の情報番組「めざましテレビ」の「ココ調」コーナーで、「アニメコミックの舞台で行きたい場所ランキング（アニメファン一〇〇人調査）」が紹介され、立川市が第三位に入っていた。アニメ作品『とある魔術の禁書目録（インデックス）』に登場する街並みが、ファンの間で立川市内にある場所として話題になっていたのである。『とある魔術の禁書目録』とは、鎌池和馬氏による「学園都市」ライトノベルシリーズで、その原作を題材とした派生作品である。ストーリーはSFやファンタジーの要素を取り入れ、超能力や兵器など「科学サイド」と、聖書や魔術などの「魔術サイド」という、相反する設定の二陣営が対立して戦う世界観を描いたバトルアクション作品である。作品中には、JR東日本立川駅のほか、多摩モノレールと多摩センター駅周辺地域と施設、国営昭和記念公園などが描かれていた（図表1-5）。

図表1-4　立川観光協会がイベントを開催した作品

- フレームアームズ・ガール
- 聖☆おにいさん
- ハカイジュウ
- ガッチャマンクラウズ
- 世界征服～謀略のズヴィズダー～
- 宇宙よりも遠い場所
- ナゾトキネ
- カイトアンサ
- とある魔術の禁書目録
- とある科学の超電磁砲
- とある科学の一方通行

資料提供：立川商工会議所。

　アニメの舞台背景の場所は、ドラマや映画のように公式に撮影地をクレジットに明記しないケースが多く、作品のファンが舞台となる実際の背景を自ら探す。そして、舞台の

図表 1-5　「とある」シリーズ作品のキャラクター（背景とされる場所は立川国営昭和記念公園）

出所：©鎌池和馬／アスキー・メディアワークス／PROJECT-INDEX MOVIE
出所：© 鎌池和馬／冬川基／アスキー・メディアワークス／PROJECT-RAILGUN S

図表 1-6　「とあるシリーズ」の作中映像（上）と背景とされる場所（下）

出所：© 2018 鎌池和馬／山路新／KADOKAWA／PROJECT-ACCELERATOR
資料提供：立川商工会議所

参考にしたであろう場所を突き止めて訪れ、記念写真を撮影して作品世界に浸る。番組では、作品の舞台背景地と思われる場所を多数のファンユーザーが訪れ、写真を撮り、そして買物している行動が紹介されていた（図表1-6）。そこで、立川市として、これを観光客誘致に生かせないかと考え、取り組みがスタートした。

3．アニメツーリズムのスタート

テレビ番組紹介の一か月後、六月には早くも立川市と立川商工会議所が中心となってアニメコンテンツを活用した観光振興事業計画を作成して近隣の多摩市にも協力を要請するべく動き出した。一一月に第一弾として、地域資源を生かした街歩き、アニメ編のイベントを企画し、立川市に本社のある模型とフィギュアメーカー、株式会社壽屋《ことぶきや》の作品に登場する場所をアニメマップを元に解説しながら街を回遊する内容である。三〇名募集で三一名が参加した。アニメマップの配布時に来街した消費者へアンケート調査を実施してアニメファンが舞台背景地を訪れる際のきっかけや要望を聴いた。来街動機の九割は作品のファンであり、性別では九割が男性客（一〇代～二〇代）であった。街巡りをした後には市内で飲食、書店立ち寄り、散歩などの行動をした人が半数いた。その結果、アニメ

図表1-7　アニメツーリズム事業の実施組織

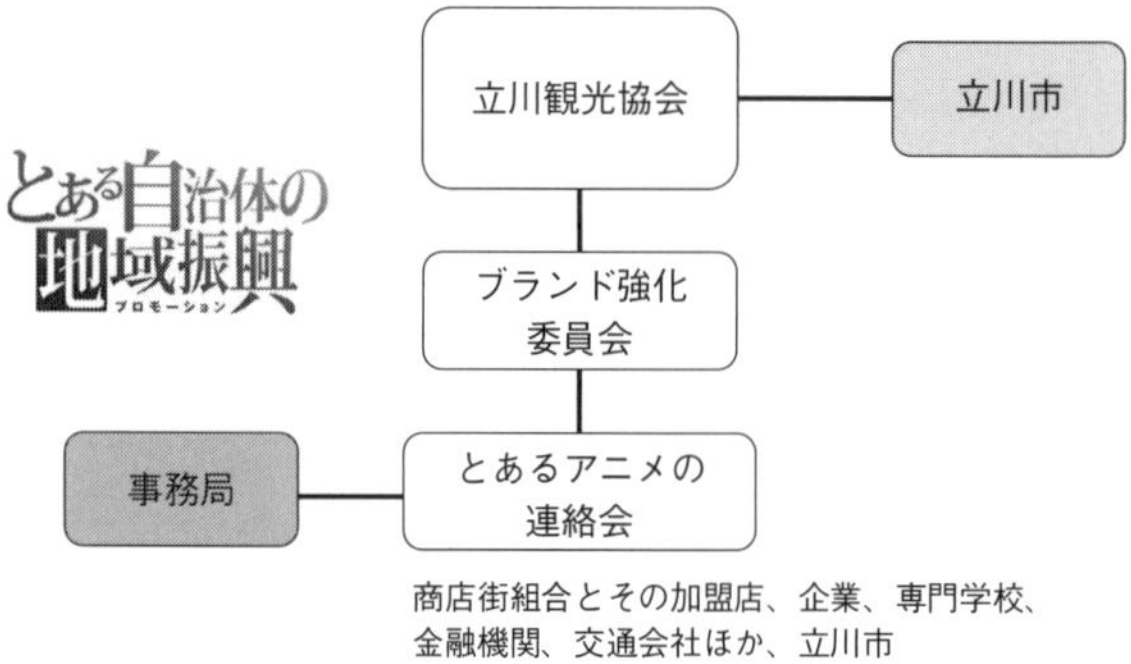

資料提供：立川商工会議所。

ツーリズムへの需要の高さと市内活性化への可能性を認識した。イベントの後、アニメツーリズムの先進事例として、アニメ「らき☆すた」聖地のある埼玉県鷲宮商工会を訪れ、成功事例を視察した。

その後、一二月には立川市と多摩市が中心となり、観光振興事業「とあるアニメの学園都市化計画」を立ち上げ、その実行組織として「とあるアニメの連絡会」を発足させた。事業の実施組織は、立川観光協会が中心となり、ブランド強化委員会を組織し、「とあるアニメの連絡会」には、市内商店街振興組合と商店、企業、新聞社、交通会社、金融機関、専門学校などが多数参加した（図表1-7）。連絡会は当初は意見集約の場となり、その後に報告・相談の場となったが、事業を組織的にスタートするにあたり、知識と事業予算の不足が問題でもあった。アニメツーリズム事業の目標は、アニメ作品を通して「立川」を知ってもらうことである。立川の存在を認識したうえで聖地巡礼に来てくれたファンユーザーに、地域の人たちや景色に触れてもらい、アニメファンから立川ファンになってもらうことであった。

そして第三弾はアニメマップを制作して立川市と多摩市で九〇〇〇枚を配布した。平成二三年（二〇一一年）一月、「とあるアニメの学園都市化計画」の企画として、ＪＲ立川駅周辺と多摩モノレール多摩センター駅周辺の地図と、アニメ画像を比較させた限定非売品マップ（「学園都市ＭＡＰ／聖地巡礼ＭＡＰ」）を制作して多摩センター駅近くの広場と、立川市国営昭和記念公園で配布したところ、五日間の開催で約九〇〇〇人が参加して人気となった。

4. イベントの展開

(1) たちかわ楽市

毎年秋に、地元商店街や農家の方と市民が一体となったイベント（市民祭、たちかわ楽市）が開催されている。その中の一部で観光協会アニメに特化したブースを設け、立川を舞台・背景としたアニメのイベントを「とあるアニメの連絡会」メンバー協力のもとで実

図表1-8　たちかわ楽市で配布した販促物

出所：Ⓒ 2018 鎌池和馬／山路新／KADOKAWA／PROJECT-ACCELERATOR
資料提供：立川商工会議所。

施している。具体的には、グッズの販売やカードラリー、声優イベントなどを開催した。平成二三年（二〇一一年）一一月五日、六日に国営昭和記念公園で開催された「秋の楽市２０１１」には、「とある自治体の地域振興（プロモーション）」と事業名を変更し、アニメフェスタ「ようこそ立川」として、立川限定グッズ、オリジナルクリアファイル二〇〇〇枚、オリジナルポストカード二〇〇〇セット、ゲコ太ストラップ三〇〇〇個、オリジナルデザインクレープなどを販売し、約二〇〇〇人が来場した（**図表１-８**）。ほかに作品原作者（『ハカイジュウ』本田真吾氏）のサイン入り単行本販売とサイン会や、聖地スタンプラリーなども開催した。二日間の来場者が約二〇〇〇〇人、聖地スタ

図表1-9　たちかわ楽市で開催した声優イベント

資料提供：立川商工会議所。

ンプラリーは六〇〇人以上が参加した。この楽市は現在まで、春、秋の年二回開催され、「とある自治体の地域振興」が継続している。特に平成二七年（二〇一五年）一一月に作品五周年として開催した声優イベントは大好評で土日の来場者が七七〇〇〇人に達した（図表1-9）。

⑵商店・企業とのコラボ

そして、連絡会に参加する企業や商店でコラボ事業が展開される。アニメ制作の協力店舗でオリジナルグッズを企画開発して販売する。製茶店のオリジナル煎茶、和菓子店の菓子、グッズショップのコーヒーカップなど多岐にわたる。中でもファンユーザーが巡礼に訪れるようになったオリジナル自動販売機とその限定商品「ヤシの実サイダー」は劇中に登場した商品の開発ということもあり、大人気を呼んだ（図表1-10）。市内一四か所、一五台が設置され、これが巡礼の立

図表1-10　オリジナル自動販売機と「ヤシの実サイダー」

出所：© 2018 鎌池和馬／山路新／KADOKAWA／PROJECT-ACCELERATOR
資料提供：立川商工会議所。

ち寄りポイントとなり、回遊には二〜三時間かかる。

(3)他の作品に派生するプロモーション

①TVアニメ『聖☆おにいさん』

世紀末を無事に越えて目覚めたブッダと神の子イエスの二人が、立川市内のアパートをシェアしながら、下界でのバカンスを楽しむ姿を描くギャグ漫画が原作である。劇場版アニメではブッダとイエスの声を俳優の星野源さんと森山未來さんが演じた。作中に登場する「オニ公園（錦第二公園）」が聖地として人気になる。

平成二五年（二〇一三年）五月の劇場版公開を記念して、立川高島屋でコラボ弁当（「マリアさんの愛情弁当」「ブッダのほっとけカレー」）

を販売するほか、立川バス株式会社とコラボ企画を実施して、バス車体に劇中シーンを描き、車内の装飾や車内放送にキャラクター役の声優がアナウンスした。

②TVアニメ『GATCHAMAN CROWDS ガッチャマン クラウズ』

二〇一五年の立川市が舞台であり、宇宙人から特別な能力を与えられた女子高校生が「ガッチャマン」に変身し、他のメンバーとともに人類を影から守るチームとして活躍する物語である。舞台が立川という設定のとおり、立川市内の実在する官公庁の施設や設備、街並みが細部まで再現されている。作中に登場する警察官や消防官、自衛官の制服はすべてがリアルな現場仕様となっている（立川観光協会の作品紹介より）。

平成二五年（二〇一三年）七月の放送開始後、JR立川駅北駅前ビジョン（伊勢丹立川ビジョン）で、一五秒のスポット映像を二週間上映するほか、登場キャラクター「パイマン」の等身大ぬいぐるみを国営昭和記念公園、花みどり文化センター、オリオン書房ノルテ店、HeaRTS劇場で販売した。JR立川駅北口周辺の飲食店では立川限定コースターも配付した（Ⓒタツノコプロ／ガッチャマン クラウズ制作委員会）。

③TVアニメ『世界征服～謀略のズヴィズダー～』

幼女な星宮ケイトと彼女率いる秘密結社「ズヴィズダー」によって繰り広げられる世界

征服の物語である。舞台は西ウド川市。劇中には、立川お馴染みのシンボリックなスポットのオリジナルに加え、工事最中の第一デパート跡地と思われるリアルタイムな立川も多数登場している（立川観光協会の作品紹介より）。

平成二六年（二〇一六年）一月の放送後、三月に立川観光協会の公式 Twitter がズヴィズダーに征服され、西ウド川観光協会と改名されてしまう（架空）。三月には市内の商店街もズヴィズダーに征服される。市内のイベント対象店八店舗を回遊してもらい、店舗で合言葉を告げると、クリアしおりをプレゼントする。二日間で計一六〇〇枚を配布した。

5．その後の展開と課題

⑴ファンユーザーの特長と事務局側の成果

二〇一九年春時点で、関連するアニメは一〇作品に達した。全国のアニメツーリズムの聖地でも、これだけの数の作品が取り上げられる例は少ないだろう。立川商工会議所では、平成三〇年（二〇一八年）一一月の楽市来場者へアンケート調査を行った（回答数三九五）。それによると、年齢は二〇代が三割を超えて、一〇代、三〇代と合わせて全体の約六割である。性別では、女性の割合が二割近くまで増加した。住まいは立川市が一割、ほか東京都が四割以上、他県からも三割以上おり、中には北海道や大分県、また海外では韓国からの来場者もあった。来場理由の上位については、ショップのカードラリーが五割超、アニメの聖地巡礼と立川限定グッズがそれぞれ四割超であった。そして、聖地巡礼中の行為については、「アニメと同じアングルで記念撮影する」「どこがアニメと同じアングルなのかを探す」が多かった。

とある自治体の地域振興の事務局側のふりかえりとして、地域振興の協力店ではイベント時の来店客数が通常の一〇倍、売上高も八倍と急増していた。毎年の楽市で遠方から参加するファンユーザーの帰省みやげとしても定着した。連絡会で制作したアニメ立川限定グッズは、市内の事業者へ代理販売の形で継続して納入している。これが全国のアニメショップ販売と異なるのは、聖地の商店街での買い物を通じて店主たちと交流し、その店のファンとして定着することが期待できる点である。

⑵作品世界との希薄な密着性

立川アニメツーリズムが一定の成果を上げている要因を考えておきたい。まず第一に、

図表 1-11　立川アニメの作品
（2008 年～ 2014 年まで）

年月	作品と放送、公開
2008 年 10 月	TV アニメ『とある魔術の禁書目録』放送。～ 2009 年 3 月。
2009 年 10 月	TV アニメ『とある科学の超電磁砲』放送。～ 2010 年 3 月。
2010 年 10 月	TV アニメ『とある魔術の禁書目録Ⅱ』放送。～ 2011 年 4 月。
2013 年　2 月	劇場版『とある魔術の禁書目録～エンデュミオンの奇蹟～』公開。
2013 年　4 月	TV アニメ『とある科学の超電磁砲 S』放送。～ 9 月。
2013 年　5 月	劇場版『聖☆おにいさん』公開。
2013 年　7 月	TV アニメ『GATCHAMAN CROWDS ガッチャマンクラウズ』放送。～ 9 月。
2014 年　1 月	TV アニメ『世界征服～謀略のズヴィズダー～』放送。～ 3 月。

資料提供：立川商工会議所。

他の地域と比べて、立川が舞台として取り上げられる作品数の多さである。アニメツーリズム協会の認定地には、『新世紀エヴァンゲリアン』の神奈川県箱根町や『ガールズ＆パンツァー』の茨城県大洗町など、大ヒットした作品とそのシリーズが多い。いわば、作品と聖地が強い連想で結ばれているのだ。これに対して、立川アニメの作品は一〇を超えており、全国的にみても珍しい。作品舞台として多いのが、立川駅周辺と多摩モノレールである（**図表1-11**）。これらは、首都圏でも珍しい近未来的な構造物であり、景観である。近未来的な構造物を背景として描けば映像が映える。とあるシリーズのキャラクターが街を歩くと作品もＳＦチックになる。この近未来的な構造物がＳＦアニメの劇中では容赦なく破壊される。『ガッチャマン クラウズ』のガッチャマンたちが、敵を追いかけて建物を壊して回る。そうした街を破壊する場面がまた作品映像を華やかにする。『世界征服～謀略のズヴィズダー～』では立川が征服される。立川は征服されたり、壊されたりすることで、聖地の魅力を少しずつ高めているのである。そして、これが他の地域に見られる作品世界と強く情緒的な連想でつながる街とは一線を画している。立川駅周辺の構造物と景観は情緒的というよりも近未来的で無機質感があり、それが特定の作品世界と密着せず、異なる世界を描く作品の制作者側から広く好まれているのではないか。つまり、立川地域が特定の作品カラーで染められていないからこそ、次々と新しい作品舞台として取り上げられるのではないかと考えられる。

第二に、自治体の対応、初動の速さである。アニメツーリズムの最初のきっかけは、自治体や企業主導の仕掛けではなく、自然発生的なユーザーの巡礼行動である。偶発的にファンが巡礼に訪れてＳＮＳ（ソーシャルネットワーキング・サービス）などで話題に上るところから始まり、自治体は受け身の姿勢からスタートする。最初に紹介したように、平成二二年（二〇一〇年）五月にテレビの情報番組で立川がアニメ聖地巡礼として人気となっていることを知ってから、一か月後に立川市と立川商工会議所はアニメコンテンツを利用した観光振興事業を計画している。六か月後の一一月に初めてのイベント（街歩きと回遊）を実施した。翌年からは市民祭り（たちかわ楽市）の定番イベントとして定着させる。一二月には実施体制となる組織も整備した。偶発的かつ自然発生的なファンユーザーの巡礼行動の兆候を立川側が見逃すことなく対応するフレキシビリティがあったことが何より大きい。

そして、今後は当然ながら継続性の課題がある。他の地域で先進事例となっているのはいずれもアニメツーリズムが早期に起きており、その後に続編等が放送されないことで、観光客の減少に悩む自治体も多い（岡本、二〇一三）。作品に依存するアニメツーリズムにとって、新作の放送は何より重要な力である。制作者側から舞台として取り上げられるのを受け身的に待っているのではなく、自治体が積極的に広報やPR活動を展開して、地域や街の魅力を発信する必要がある。

市内でアニメツーリズムに協力して作品の関連グッズを販売する老舗和菓子店、立川伊勢屋には、巡礼客が多く訪れる。観光客にとって同店は、ツーリズムの総合的な案内拠点の役割を果たす。店主の小林文子さんは次のように語ってくれた。「アニメ関連のグッズを扱い始めたころは、一〇代から二〇代の若年男性客のファンが多く来ていたが、時間が経つにつれて女性客や三〇代以上の顧客、また外国人客も目立つようになってきた。また、作品の放映と来店の関係で、最近は作品が放送されるとリアルタイムですぐに観光客が来店するようになり、ファンの反応と行動が以前よりも早くなった」。立川アニメツーリズムのファンユーザーの客層は広がっており、ツーリズムの反応が早くなるのも知名度や浸透度が高まってきたことを示すものだろう（二〇一九年六月の同店取材時にもNHKドラマ『聖☆おにいさん』が放送中であり、とあるシリーズの新作『とある科学の一方通行〈アクセラレータ〉』も七月から放送予定であった）。

第3節　考察―日常のプレイスに突然、特別な意味づけ―

アニメ聖地の巡礼行動から、都市部や郊外部で日ごろ生活している見慣れた道路や建物が、突然、作品ストーリーの中で特別な意味づけを与えられる。三次元の構造物が二次元の映像に時空転移してしまう。子供のころに遊んだ近所の神社の境内が、突然、主人公が劇的に出会う運命のスポットになるのである。現実の場所（プレイス）に、現実に存在しない架空のストーリー（スペース）が重なる。これをフランスの社会学者、ジャン・ボードリヤール（Jean Baudrillard）が予見する文化産業の未来を引用して考えてみよう。ボードリヤールは、未来のポストモダン社会には作品のオリジナルとコピーの区別が希薄化し、その中間形態に相当する「シミュラークル：simulacre」（オリジナルを前提としない模倣）が溢れると予測した（Baudrillard, 1976）。現実の場所や構造物（オリジナル）と作品（コピー）が消費者の中で重なり、実在の立川とアニメ作品の世界を等しい価値で消費するアニメファンたちの価値判断は、まさにシミュラークルのレベルで動いていると考えることもできる。しかし、それゆえに、アニメファンの需要を地域の観光全体に拡張する難しさがあるだろう。作品ストーリーに登場する店舗や人物に対して、実在するものには共鳴するが、商店街全体の回遊にはつながりにくいからである。アニメファンにはシミュラークルとして見えている街の視覚的映像も、一般の人には見えない。

一方、この場所（place）と空間（space）について人文地理学者のイーフ・トゥアン（Yi-Fu Tuan）は人間の経験を元に次のように分析する。「場所とは、人がそこに住むことのできる対象なのである。空間は、すでに指摘したように、運動する能力によってあたえられる。…したがって空間は対象物や場所の相対的位置として経験されたり、場所と場所とを隔てたり結びつけたりする間隔、広がりとして経験されたり、また（もっと抽象的には）いくつもの場所がつくるネットワークによって限定される地域として経験されるといったように、さまざまに経験されるのである（Tuan、訳書、一九九三年）」。場所を創造して可視化するには人間の経験（experience）が必要であり、「経験することは学ぶことであり、あたえられたものに働きかけて、そこから何かを生み出すことである。あたえられたものは、それ自体では知りようがない。われわれが知ることができるのは、経験によって構成された、つまり感情と思考とによってつくりだされた現実の世界なのである（同訳書、二三頁）」と述べ、人の経験が空間を知覚させ、それが場所を創造すると主張している。

以上からアニメツーリズムとは、「シミュラークル化したアニメ映像内の空間（スペース）と、物理的な場所（プレイス）が、ユーザーの経験と知覚から生成される意味によって、つながれる行為である」と定義することもできるだろう。アニメツーリズムで背景地を訪れるユーザーの第一の目的は、シミュラークル化した空間が、現実の場所のどこに当てはまるかを探し出し、登場人物のシーンと同じアングルで自分の姿を写真撮影すること

図表1-12　アニメツーリズムと聖地巡礼行動

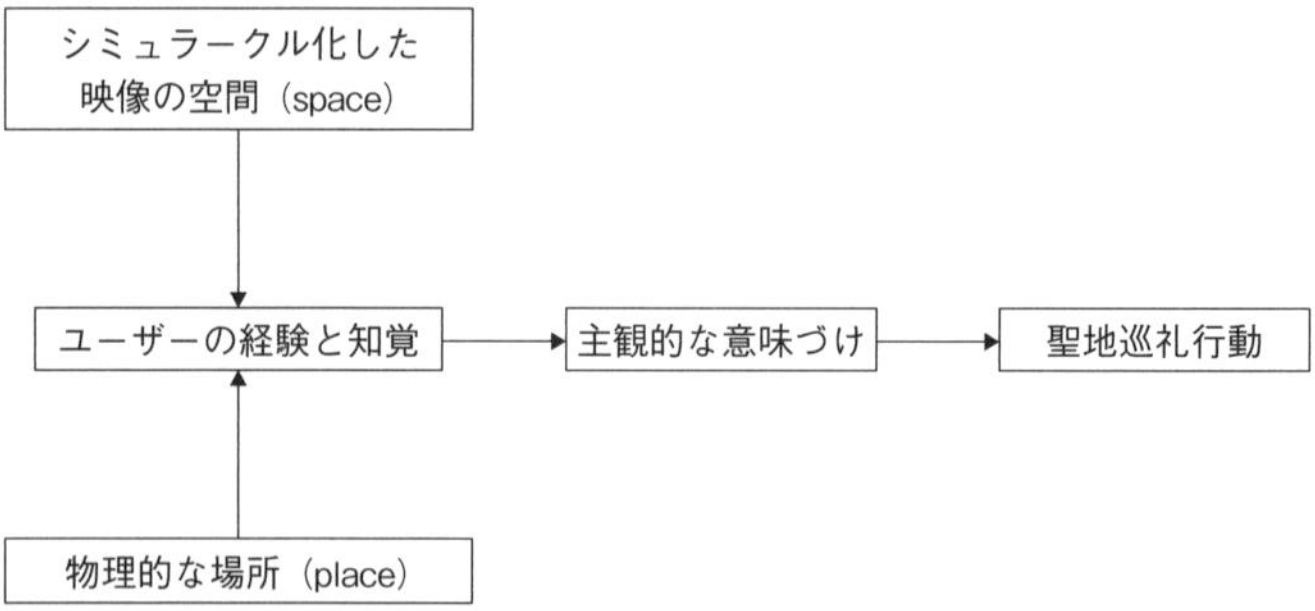

出所：筆者作成。

だった。作品世界を知覚したユーザーが、作中に登場する空間と、立川駅やモノレールなど物理的な場所を結びつけ、個々に主観的な意味づけを与えるのである。このようにアニメツーリズムの本質を説明できるのではないか（図表1-12）。

以上のように、ボードリヤールの「シミュラークル」と、トゥアンの「場所・空間・経験」を手掛かりに考察したアニメツーリズムから、いかなるインプリケーションを引き出せるか。アニメ聖地の巡礼行動を観光プロモーションにアクティブに生かすにあたり、主観的な空間と場所への意味づけが、巡礼行動の広がりを制約することが考えられる。映画『聖☆おにいさん』に登場する井筒屋という和菓子店とその店主には、立川市内に実在するモデルがある。映画の世界空間を主観的に意味づけたユーザーは、巡礼行動として実際の店舗に立ち寄り、劇中で取り上げられた「幸せの味あんどーなつ」も実際に購入してモデルの店主とも交流して触れ合う。シミュラークル化した映像に実在を重ねて作品世界に浸るのである。しかし、この作品ファンのユーザーにはこの店しか目に入らず、隣りの店舗には作品世界との意味づけやつながりを感じない。点在する聖地を巡礼して回るだけである。一方で、この和菓子店と商品の魅力を自治体や商店街がアピールしても、作品世界を知らないユーザーにとっては特別な意味を感じない。この店が他の同業種店とどこが異なるのか、買物で利用するだけでは理解できないのである。つまり、アニメファンのユーザーと、それを知らない一般の買物客では、立川市を訪れる意味と目的が全く異なり、後者の消費者をアニメツーリズムへ誘導するのは困難である。一方、前者のアニメファンのユーザーは、立川市を作品ストーリーのシミュラークルとして捉えているので、街の流行り廃りとは関係なく継続的に街を訪れてくれることが期待でき、かつ遠方地域からも来街してくれるのである。

おわりに

最後に、アニメツーリズムを広くコンテンツ・ツーリズムという概念に拡張して考えるとき、その特徴をどのように説明できるか、まとめてみたい。ドラマや映画の舞台を訪ねるユーザーの聖地巡礼と比べて、アニメがゲームやアイドルなどサブカルチャーに属するという点から、そのファンにはいわゆるオタクと呼ばれる人たちの行動特性が反映されており（東、二〇〇一）、それはより個別的であり、SNS指向的であると考えられる。作品で立川駅や商店がモデルとして描かれていることは、そもそもクレジットには明記されない。作品を観たファンの誰かが、登場する舞台の実際の場所に気づく。それをTwitterやFacebookで情報を発信して拡散する。そして個々にファンが舞台を訪れる巡礼行動が自生的に始まる。訪れた証拠の画像をSNSで発信して情報がさらに拡散され、巡礼行動がスパイラルに拡大する。映画やドラマではクレジットに協力先として撮影場所が明記され、最初から公にされるところからファンの巡礼行動が生まれるが、アニメツーリズムではあくまで、個別的で主体的な行動が中心になる。旅行会社が人気の大河ドラマの聖地巡礼を組織的にプロモーションするような仕掛けもない。観光バスツアーで聖地を集団で訪れるような企画を打ち出しても、顧客はたぶん集まらないだろう。アニメユーザーは、あくまで自分自身で情報を探し、自分の足で現地を探索するところに歓びを見出すからである。こうしたサブカルチャーとオタク文化に根差すユーザーの行動特性が他のコンテンツと異なるアニメツーリズムを特徴づけている。この組織化されない自生的なアニメユーザーの行動から、観光プロモーションの経済効果は決して小さいというわけではない。たちかわ楽市で開催されたイベントでは地面から湧いて出るように会場に押し寄せるユーザーの姿が見られた。アニメツーリズムを観光プロモーションに生かすには、この特徴的なユーザーの行動特性をどのように捉えて対応するかという柔軟な施策が求められる。

注

（1）アニメツーリズムに関する研究は、観光社会学や人文地理学の分野を中心に、近年多くの研究成果が発表されている。本文でも取り上げた岡本（二〇一三）のようにツーリズムの先進事例を中心とする研究や、ユーザーのSNSの投稿ログデータと位置情報から巡礼行動を定量的に分析する研究（佐藤他、二〇一八）がある。本稿は、一つの作品から派生するファンユーザーのツーリズムを考察するのではなく、立川市がなぜ継続的に複数作品に取り上げられ現在に至っているのか、に焦点を当てている。

（2）本稿の事例作成については、立川商工会議所と立川観光協会の協力のもとに、インタビュー、講演、提供資料から筆者が記述したものである。特に事務局として運営に関わった立川商工会議所の高橋佑弥氏と井上悠斗氏には大変お世話になった。

参考文献

Baudrillard, J.（1976）*L'échange Symbolique et la Mort*, Paris: Gallimard.（今村仁司・塚原史訳『象徴交換と死』ちくま学芸文庫、一九八二年）

――（1981）*Simulacres et Simulation*, Paris: Editions Galileè.（竹原あき子訳『シミュラークルとシミュレーション』法政大学出版局、一九八四年）

Tuan, Y.（1977）*Space and Place*, the University of Minnesota.（山本浩訳『空間の経験』ちくま学芸文庫、一九九三年）

岡本健（二〇一三）『n次創作観光　アニメ聖地巡礼／コンテンツツーリズム／観光社会学の可能性』北海道冒険芸術出版。

コンテンツツーリズム学会（二〇一四）『コンテンツツーリズム入門』古今書院。

佐藤壮太他（二〇一八）「リピーターの観光行動からみたアニメツーリズムの持続性：茨城県大洗町の『ガールズ&パンツァー』の事例として」筑波大学人文地理学研究、三八巻、一三一‐四三頁。

東浩紀（二〇〇一）『動物化するポストモダン―オタクから見た日本社会』講談社。

藤原武弘（一九九九）「自己過程としての巡礼行動の社会心理学的研究（1）」関西学院大学社会学部紀要、八二巻、一五七‐一六九頁。

（片野　浩一）

第2章　多摩地域最古のビール復刻プロジェクト
――文化とビジネスの相克

第1節　特産品の地域ブランド

地方創生や観光立国として日本の地域振興が叫ばれる今日、地域ブランドの重要性が増している。「地域ブランド」の名のもとに含まれるのは、①地域の特産品、②観光地、③観光ゾーンを越えた都市や都道府県であり、それぞれの目的も、①売上拡大、②多くの人が訪れる、③地域資源に基づき活力ある地域になる、と対象範囲で異なる（田村、二〇一一）。たとえば、北海道には「夕張メロン」「札幌ラーメン」「白い恋人」という地域ブランド商品が多数あり、これらを購入できる観光都市も「札幌」「小樽」「函館」など数多く存在して観光客を誘致できる特色ある都市のブランドイメージも確立しており、さらにこれらの都市間を回遊する「北海道」という広域の総合的なブランドイメージが形成されている。

地域ブランドによる地域振興の取り組みは近年全国各地で行われ、その活動内容は多様である。地域によっては、長期視点に欠ける一過性から供給者本位の例も多い。地域ブランドが我が国において本格的に議論され始めたのは、平成一六年（二〇〇四年）に内閣官房に事務局を置く知的財産戦略本部が最初であるといわれている。これを皮切りに農林水産省、経済産業省、国土交通省（観光庁）、総務省、文化庁などが地域ブランドの推進に関与し始めた。さらに、平成一八年（二〇〇六年）に地域団体商標の登録が開始されたことで一気に認知度が高まり、短期間でさまざまな省庁が地域ブランドの推進に一斉に取り掛かったことで、地域ブランド自体のコンセプトも混乱した（田村、二〇一一）。

これまでの地域ブランドの実務的な定義を確認しておくと、次の二つの見解がわかりやすい。①「地域の事業者が協力して、事業者間で統一したブランドを用いて、当該地域と何らかの自然的、歴史的、風土的、文化的、社会的等の関連性を有する特定の商品の生産又は役務の提供を行う取り組み」、②「地域発の商品・サービスのブランド化と地域イメージのブランド化を結び付け、好循環を生み出し、地域外の資金・人材を呼び込むという持続的な地域経済の活性化を図ること」（農林水産省、二〇〇七）。

「農林水産物・食品の地域ブランド確立に向けたガイドライン」（平成二一年度農林水産省、日本総合研究所）では、農山漁村の六次産業化や農商工連携を地域活性化につなげる観点から、農林水産物・食品の地域ブランド育成を目指す上での必要な知識や地域ブランド化に向けた具体的な手順を定めている。その最終目的は、地域住民を豊かにすることであり、生産者、加工業者、流通業者等の供給側と、最終消費者とを結びつける「信頼の絆」と位置づけており、マーケティング論におけるブランドの定義を援用している。

また、知的財産の観点から、地域ブランドは「地域の事業者が協力して、事業者間で統一したブランドを用いて、当該地域と何らかの（自然的、歴史的、風土的、文化的、社会的等）関連性を有する特定の商品の生産又は役務の提供を行う取組み」と定義されている（経済産業省産業構造審議会知的財産政策部会『地域ブランドの商標法における保護の在り方について』、二〇〇五）。このほか経済産業省中小企業庁でも、地域中小企業を支援する目的からＪＡＰＡＮブランド育成支援事業も展開している。

和田他（二〇〇九）によれば、特産品や観光地のブランド化が目指す最終目的は、モノが売れ、人が訪れるだけでなく、地域に関わる人々が、地域に誇りと愛着、アイデンティティを持てるようになること。その上で地域ブランドをその地域が独自に持つ歴史や文化、自然、産業、生活、人のコミュニティといった地域資産を、体験の「場」を通じて、精神的な価値へと結びつけることで、「買いたい」「訪れたい」「交流したい」「住みたい」を誘発するまちと定義している。

実際には、地域にある商品やサービスが何でもブランド化するわけではなく、地域の事業者をはじめとする各ステークホルダーの協力や、地域イメージとの整合性が不可欠となってくる。また、商品化された特産品が消費者にどのような価値をもたらすかといったことも重要になってくる。地域ブランドの誕生には、いくつかの条件が備わる必要性があるが、特に提供者側（マーケター）の想いをどのように束ねて、方向性を示し、地域ブランドの創出を図るのかというプロセスを体系化することが何より大切だろう（田村、二〇一二）。多くの地域おこしを目論む関係者が、その点で頭を悩ませており、国や自治体の補助金頼みの一過性の取り組みや、事業者間で起こりがちな利害関係の悪化から、地域ブランディングへの道半ばで断念するケースも少なくない。一方、上手く周囲の関係者を巻き込み、継続して地域ブランドを維持する事例もある。

本章では、地域に根差す歴史的・文化的な資源を掘り起こし、これを生かして特産品（加工食品）を開発し、自治体主導で地域振興を図る事例を紹介する。東京都の多摩地域で一〇〇年以上前に、日本国家が近代化を進める過程で製造販売されていたビールがあった。自治体の文化財調査で酒造会社から発掘されたビール製造の資料から、多摩地域最古のビールの存在が確認され、これを復刻するプロジェクトが行政を中心に、企業、農業生産者、金融機関等をメンバーに集めてスタートした。そして特産品のビールとして復活した地域ブランドは、自治体とプロジェクトが総力を上げてプロモーションと販路開拓を展開した。その四年にわたる取り組みを記述し、今後、地域ブランド力を高めるためにどのような課題があるのか考察する。なお、地域ブランドの理論的な定義は第５章（**図表5-2**）で紹介したい。

第2節　多摩地域最古のビール復刻プロジェクト

1．東京都日野市

東京都日野市は、都心から西に三五キロ、東京都のほぼ中心部に位置し、多摩川と浅川の清流に恵まれ、湧水を含む台地と緑豊かな丘陵をもつまちである。北部側に多摩川、中央部に浅川があり、多摩丘陵と呼ばれる起伏に富んだ丘陵地のため、ＪＲ中央線の日野駅と豊田駅、京王線の高幡不動駅など各々の駅周辺地域に市街地が分散しているのも特徴である。昔より交通の要衝として甲州街道・川崎街道の二街道があり、現在はＪＲ中央線、京王線の二つの鉄道が東西に走り、多摩都市モノレールが南北に運行している。新宿から日野市まで、ＪＲ中央線の日野駅まで特別快速で二九分、京王線では高幡不動駅まで特急で三〇分の距離である。昭和三八年（一九六三年）の市制施行後、現在の人口は一八万人を超え、平成二五年（二〇一三年）に市制施行五〇周年の節目を迎えた。かつては農業中心の宿場町で「多摩の米蔵」といわれていたが、昭和の初めからは大企業の誘致により工業都市の顔ももつ。

観光地の特色では、古来、関東三大不動尊の一つに数えられ、地元から「高幡のお不動さん」として親しまれている高幡不動尊（高幡山明王院金剛寺）がある。ここは新選組副長であった土方歳三の菩提寺としても知られる。加えて日野は「新選組のふるさと」としても知られる。幕末に京都等で活躍した新選組の副長・土方歳三や六番隊長・井上源三郎が生まれ育った地域であり、彼らの活動を支えた名主の佐藤彦五郎の屋敷（日野宿本陣）も残されており、毎年五月には「ひの新選組まつり」が盛大に開催されている。また「新選組のふるさとを訪ねるみち『日野』」が、社団法人日本ウォーキング協会の「美しい日本の歩きたくなる道五〇〇選」に選ばれている（以上、日野市の公式ホームページの概要より）（図表2-1、図表2-2）。

図表2-1　土方歳三没後150年
プロモーション　ロゴマーク

出所：© 2019 日野市

　このほか日野市は「新選組のふるさと」を観光プロモーションとして訴求している

図表 2-2　日野市にある高幡不動尊

出所：筆者撮影。

ため、新選組ファンが多く訪れるだけでなく、二次創作である人気アニメ・ゲーム作品「薄桜鬼 真改」の聖地としてアニメツーリズム協会から認定されていることもあり、その巡礼聖地としても人気が高い。

2. 多摩地域最古のビール復刻プロジェクトのスタート（一年目）(1)

明治維新を経て、日本が近代国家への歩みを始めた当時、現在の日野市内でも明治一〇年（一八七七年）ごろから葡萄酒の製造が活発となり、明治一六年（一八八三年）に日野銀行が開業し、同二〇年（一八八七年）にはJR中央線の前身である甲武鉄道が開業して近代工業の基礎が形成されつつあった。このとき、当地に山口酒造株式会社から多摩地域初のビール「山口麦酒」が醸造され、明治一九年（一八八六年）から二七年（一八九四年）まで操業、生産されて、三〇年には終了していた。多摩地域最古のビールを醸造した豊田の山口家では、幕末ごろに日本酒を醸造しており、一方で現在の福生市にあたる熊川村の石川家でも文久三年（一八六三年）から日本酒造りを始め、創業約一五〇年を迎える現在の石川酒造株式会社を経営していた。この山口家と石川家が、同じ地域の酒造仲間であり、かつ縁戚関係にあった縁から、山口家が日本酒造りを行う際に石川酒造がそれを手伝ったという話が伝わっており、山口家に遅れること一年後の明治二〇年（一八八七年）には石川家でもビール醸造を始めた。両家の相互扶助の関係は、明治二〇年に発行された「山口麦酒」と「日本麦酒（石川家ビール）」が紹介された新聞広告からもわかる（**図表２-３**）。

そして現代、平成二六年（二〇一四年）に市の文化財調査が行われる過程で、現在の石川酒造株式会社から当時の山口麦酒の生産を確認できるレンガ造りの貯蔵所跡のほか、ビール瓶に転用したと思われるワイン瓶の一部、コルク栓とラベルなどが多数発見された。明治時代のラベルは二種類見つかっており、その内の一枚の最下部には「知新堂石印」の文字が刷られており、当時では先端技術の石版印刷（リトグラフ）を使って多色インクで描かれていた。他にも蔵の中から、大正時代に撮影された歴史的にも貴重な約二〇〇枚にものぼる写真乾板も発見されている（**図表２-４**）。

図表 2-3　日本ビール（石川家）と山口ビール（山口家）の新聞広告

●日本ビール發賣廣告●
日本ビール
最良ノ
醸造元　石川醸造所
發賣元　伊部猪三郎
大阪發賣所

●山口ビール發賣廣告●
山口ビール
獨逸
醸造元　山口醸造所
發賣元　伊部猪三郎
大阪發賣所
YAMAGUCHI BEER
EMPEROR JAPAN

出所：東京朝日新聞　明治21年7月10日付。

図表 2-4　文化財発掘調査で見つかった
ビールラベル

資料提供：日野市。

そこで、文化財として発掘された山口麦酒を現代に蘇らせて復刻させせようとする機運が市内で高まり、山口ビールの製造法を提供されて日本ビールを製造していた現福生市にある石川酒造の協力を得ながら、行政、日野市商工会、多摩信用金庫、農業協同組合、企業、農業生産者など産・管・農・金が連携して平成二七年（二〇一五年）二月に復刻プロジェクトがスタートすることとなった。

「TOYODA BEER プロジェクト実行委員会」は、実行委員長（増島清人氏）、副実行委員長（佐藤幸丸氏）の元に、①大麦生産、②製造と販売経路、③広報・ＰＲ、④運営、の四部会で構成された（**図表2-5**）。実行委員会の短期目標は、日野市豊田に多摩地域最古のビール工場が存在したという歴史的事実を伝えることと、復刻を契機に日野市の地域活性化を図ることを定め、中長期目標として、「TOYODA BEER（豊田ビール）」を通じた日野市の魅力を全国に発信して認知度を向上させる、ことを決めた。

「TOYODA BEER」復刻の課題は二つあった。ラベルを含むパッケージと製造方法である。広報・ＰＲ部会では、ラベルデザインを決めるにあたり、歴史の再現にこだわり石川酒造が保有する当時のデザインを踏襲して、コストはかかるが、丸型ラベルにした。高尾山の天狗伝説からイメージしたと思われる天狗の面のトレードマークも継承した（**図表**

図表 2-5　TOYODA BEER 実行委員会の組織

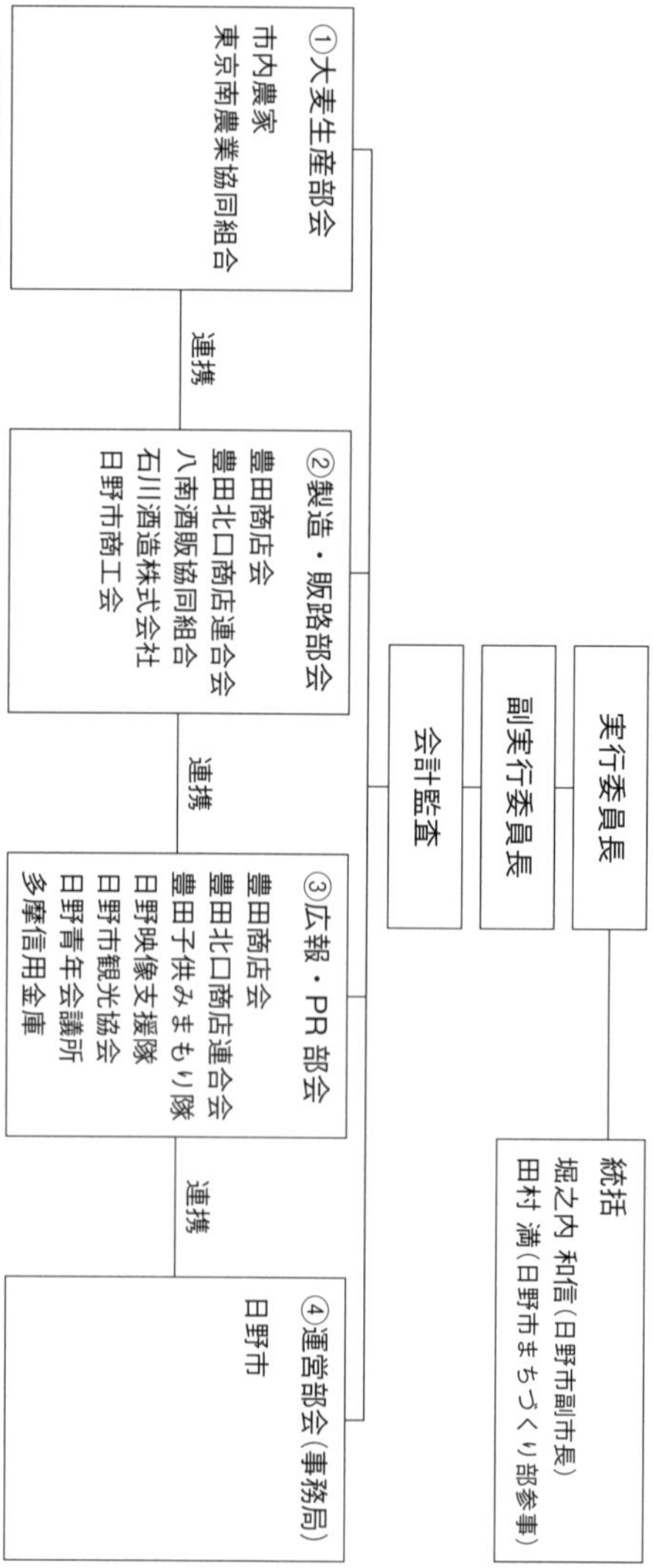

資料提供：日野市。

2-6）。製造・販路部会は味と製法に取り組んだ。当時の現物を確認することはできないので、当時の気候や工場の製造設備の特徴から、エールタイプ（Ale：上部に酵母が浮き上がる上面発酵で醸造されるビールの一種で、大麦麦芽を使用して酵母を高温で短期間に発酵させる）であると推測したが、当時の新聞広告紙上で「独逸（ドイツ）醸造法」の記載があったため、「TOYODA BEER」はラガータイプ（低温の下面発酵で醸造され、貯蔵の工程で熟成させるビール）での醸造方法が採用された。

図表2-6　ビールのラベル
（左は当時、右が復刻版）

資料提供：日野市、石川酒造。

実行委員会では、こうして完成した「TOYODA BEER」の発売に向けた事前プロモーションを展開する。マスコミへのパブリシティとして、読売新聞、産経新聞、朝日新聞、東京新聞の各紙面で多摩地域最古のビール復刻を紹介するとともに、公式ホームページとFacebook、また市内広報誌などで告知を開始した。事前注文として、市

図表 2-7　Facebook（左）と公式ホームページ（右）

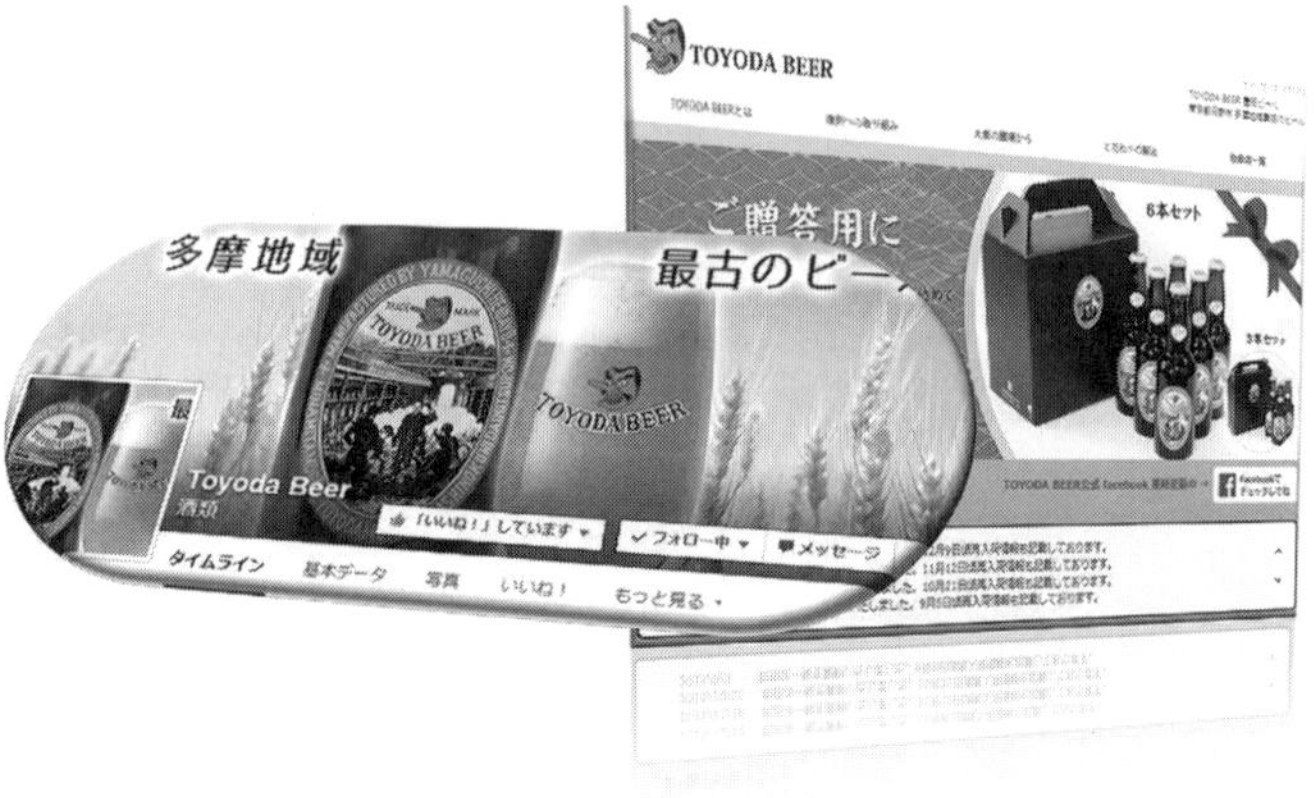

資料提供：日野市。

内商工会や商店会連合会、料飲組合などを対象に、計三一七店の店舗（小売店六一店、飲食店二五六店）から先行注文予約を受け付け、一七〇〇本あまりを受注して発売準備を整えた（**図表2-7**）。

そして、平成二七年（二〇一五年）七月二六日の「日野よさこい祭り」会場で大々的に宣伝され、復刻販売を開始した。実行委員会が制作した動画をYouTubeで公開するほか、取扱店に販促用バナーの提供、市内各所にポスターを掲示するなどプロモーションを展開した。よさこい祭り会場では一二五〇杯を販売した。新聞メディア（朝日新聞、読売新聞、東京新聞など）やテレビメディア（NHKニュースやケーブルテレビ番組）でも大き

図表2-8　発売されたTOYODA BEER

種類：ラガービール（生ビール）
容量：330ml
小売希望価格：500円（税込）
賞味期限：3か月（要冷蔵）
発売日：平成27年7月26日

く報道され、多摩地域最古のビールは一三〇年の時を経て、現代に大きくリニューアルされて登場した（図表2-8）。

ここまでは、文化としてのストーリーであり、次のステージは商品としてのビジネスや地域振興に活動の重点が移っていく。

3．プロジェクト二年目—認知度の向上

(1) 製造計画の作成

この「TOYODA BEER」には、毎年、日野市から約三〇〇万円の補助金が拠出され、実行委員会の運営費用のほか、プロモーション費用や、市内での大麦生産にかかる費用に使用されている。二年目にあたる平成二八年（二〇一六年）度の初め、取扱店（酒販店、食品スーパー、コンビニエンス・ストア、飲食店など）に対して意見を聴取

するアンケート調査を実施した。主な回答は、年間の製造計画を示してほしいという意見であった。一年目は計画を立てて製造していなかったために、店頭の在庫切れが起きていたのである。「TOYODA BEER」は、加熱しない製法のために要冷蔵で賞味期間が三か月であり、一般の缶ビールや瓶ビールの九か月と比べて三分の一と短い。このため店頭からは、多頻度で小口の注文になるが、工場の製造計画ではまだまだフレキシブルな対応ができない。そこで、四月中旬に年間の製造計画を作成して小売店に配付して製造情報を伝えることにした。一二か月間で計二一、一二〇本の製造計画を月別に作成した。

この新商品の知名度向上を図るため、実行委員会では以下の取り組みを行った。

⑵モデル店舗と販路の開拓

市内三拠点（日野、豊田、高幡）の飲食店を対象に、樽生「TOYODA BEER」をいつでも飲める店として募集し、四店舗から応募があり、うち三店舗を採用した。販売価格は税込七七七円で提供してもらうことにした。さらに、販売拡大が期待できる販路の開拓も進める。高尾山温泉「極楽湯」のレストランで取扱いが始まるほか、京王閣競輪場では「日野★TOYODA BEER CUP」も開催した。

⑶自主イベントの企画と開催

発売一周年を記念するキャンペーンとして、よさこい祭り会場でPRを行う。「一杯飲んでグラスを当てよう」「飲んでもらおう」キャンペーンのほか、ファン参加型のTシャツデザインコンテストを開催した。飲んでもらおうキャンペーンには応募二〇件、Tシャツデザインには九件の応募があった。

ユニークな試みとして、多摩モノレールの車内で貸し切りイベント（TOYODA BEERナイト in 多摩モノレール）も開催した。これには五五〇名の参加応募があり、三・八倍の抽選倍率と人気があった。

⑷中元・歳暮向けの用途拡大

「TOYODA BEER」は、パッケージデザインがユニークで味にもオリジナル性があるが、価格がやや割高である。そこで、中元や歳暮などのギフト用としてオリジナルの化粧箱（六本入り）を制作して販売促進を始めた。四月に中元用の取扱店一一店を対象に告知を行い、計二〇件の受注があった。

⑸ふるさと納税返礼品

六本入り「TOYODA BEER」は、六月から日野市のふるさと納税に対する返礼品として取扱いを開始し、市外の消費者に商品を知ってもらうきっかけとなり、継続中である。

このほか、告知するメディアではＪＲ東日本の中央線沿線紹介や映画「一週間フレンズ」にも登場した。

4．プロジェクト三年目〜四年目—知名度のさらなる向上と制約

⑴製造出荷の推移

平成二七年（二〇一五年）度から四年目までの「TOYODA BEER」の製造出荷実績は次のとおりである（**図表2-9**）。

一年目は復刻のスタートとして出荷が伸び、その後も二六、〇〇〇本から二九、〇〇〇本の間で推移してきた。後半は、グラス・カップでの出荷実績が全体の半数を占める。

実践女子大学の協力を得て、「TOYODA BEER」と大手ビール、大手クラフトビールなど一〇種類を比較する味の成分分析調査も実施した。その結果、「TOYODA BEER」

図表2-9　製造出荷本数と内訳

（単位：本）

年　度	瓶	カップ・グラス	ギフト	合　計
平成27年度（7月～）	28,393	瓶換算 1,544	実施なし	29,937
平成28年度	20,111	瓶換算 8,256	276	28,643
平成29年度	12,749	瓶換算 13,287	324	26,360
平成30年度（～1月）	12,087	瓶換算 13,929	276	26,292

資料提供：日野市。

は「軽快さと口当たりの良さ」が特徴となり、「エビスビール」の味覚に近いことがわかった。

⑵日野産の大麦使用

平成二七年度から日野産大麦を原材料に使用するプロジェクトもスタートしていた。まず、大麦生産の農地として、市内の圃場《ほじょう》に播種《はしゅ》を行い、品質向上に向けた取り組みを進めた。試行錯誤を経ながら、実行委員会では大麦の使用時期と製造方法などを確認して、日野産大麦使用のビール製造のスケジュールを作成した。平成二九年（二〇一七年）五月から市内農業生産者の協力を得て大麦七五五キログラムを収穫し、伊豆の酪農王国「オラッチェ」に品質適合試験を依頼し、二度の不適合を経て麦芽試験の適合判定が出た。麦芽はサントリーモルティング株式会社に麦芽化を依頼して、いよいよ日野産大麦を使用した

図表 2-10　PREMIUM TOYODA BEER

◎商品企画
・商 品 名　日野産大麦 100%使用プレミアム TOYODA BEER
・規　　格　エール（上面発酵）瓶内二次発酵
・内 容 量　750ml
・価　　格　2,500 円（税抜）
・賞味期限　５年
・保　　管　常温保存
・販売本数　800 本（6 月 22 日瓶詰完了）

資料提供：日野市。

「PREMIUM TOYODA BEER」の製造準備が整った。日野産大麦一〇〇パーセント使用の「PREMIUM TOYODA BEER」は、受注生産として平成三〇年（二〇一八年）六月に市内九店舗の取扱店から注文を受け付けて販売された（図表2-10）。

(3) 二大国際ビール審査会でダブル受賞

「TOYODA BEER」は、世界的にも知られる国際的なビール審査会で受賞実績も上げた。International Craft Beer Days 実行委員会が主催する『インターナショナルビアカップ２０１８』ラガー部門「ヴィエナスタイル」（二四か国七五四銘柄が応募）で最高評価の金賞を受賞したほか、英国パラグラフ・パブリッシング社が開催する世界的審査会（ビールの世界的コンペティションで「Taste」分野と

図表2-11　2大ビール審査会受賞記念の制作ポスター

資料提供：日野市。

「Design」分野で審査が行われる）である『ワールド・ビア・アワード２０１８』ラガー部門「ワールドベスト・ヴィエナアンバー」（五〇か国二三〇〇を超える銘柄が応募）でワールドベストスタイル賞も受賞した（**図表2-11**）。

プロジェクト四年目の平成三〇年（二〇一八年）度、実行委員会は次の活動目標を掲げて取り組んだ。まず、年間の製造出荷本数の目標三〇、〇〇〇本を挙げ、そのために、モデル店舗の見直しと取扱店舗の支援体制、大麦生産のスキームづくりと安定生産にむけた体制づくり、そしてプロジェクトの自立化である。一方、日野市内の活動は、市内への知名度向上に向けた外から内へのＰＲのほか、市外イベントへの参加、ワールド・ビア・アワードや地域資源取得などに次ぐコンテストへ積極的にエントリーする、ことなどを決めた。

5．二〇一九年度の課題

実行委員会を中心とするプロジェクトは五年目を迎え、改めて認知度や地元感の不足（地域性の欠如）、情報発信力の低さ、そして事業自立化の模索（事業の継承）などが課題となっている。「TOYODA BEER」プロジェクトの事業自立化について、実行委員会の意見交換では現在の運営体制を見直し、事業の担い手を探して事業継承につなげる必要が確認された。地域資源を共有する地元消費者への共感と愛着を深めるため、ＪＲ中央線豊田駅南口の商店会にある空き家を利用した「BEER STAND TOYODA（仮）」の企画が進んでおり、交流と情報発信の拠点づくりの計画がスタートしている。

第3節　考察―文化とビジネスの相克―

1．需要創造の呼び水としてのシティセールス

近年、市町村の自治体が企業のマーケティングやセールスに相当する活動を組織的に推進する部署を設置する例がみられる。これは、「シティセールス」「シティプロモーション」と呼ばれ、政令指定都市ではその戦略や方針について策定する例が増えている。日野市でも、観光振興やその事業計画、都市間交流などを目的にシティセールス推進課が設置されている。住民の高齢化や企業・工場の撤退により税収が伸び悩む地方自治体にとって、都市の生き残りのために、地域の産業を創出してアピールしたり、観光客の誘致を図ったり、また住民や企業を増やしたりする、自律的な経営やマーケティング活動が不可欠だからである。市でもシティセールスの方針として、地域資源をふまえた地域価値の創出と、地域活力の低下を防ぐための交流人口、定住人口の増加を挙げている（平成二九年四月）。日野市が実行委員会と財政支援を通して取り組む「TOYODA BEER」プロジェクトは、まさに自治体のシティセールスである。

この日野市による四年にわたるプロジェクト型のシティセールスは、ビール史跡の発掘調査と復刻までは市の文化事業であり、歴史資源の再生である。しかし、復刻以降の販売ステージは、もはや文化事業ではなく、ビジネスである。文化事業からビジネスへ、当事者の意識や行動を変革する必要がある。「TOYODA BEER」のビジネスが、民間企業に事業譲渡、あるいは継承できるかどうかは喫緊の課題である。市の財政から費用の補助金を拠出し続けているのは、あくまで事業が自立するまでの「呼び水支援」である。方法として、醸造工場を有する酒造・ビール製造企業へ売却・譲渡する方法のほか、ＳＰＡという事業形態を有する企業への売却・譲渡もあるだろう。ＳＰＡ（Speciality store retailer of Private lavel Apparel）と呼ばれる自社ブランドを保有する製造小売企業という事業形態があり、アパレルやメガネ、家具などの業種で成長企業が採用している。このビジネスモデルを使い、「TOYODA BEER」の企画・開発と販売を自社で担当し、製造は現在のように酒造会社へ委託する。そして、市場もまず関東全域に拡大して料飲店チャネルを開拓する。自治体の関与から離れ、企業経営としてランディングできるかどうかが問われている。

2．単品ブランドから体験ストーリー

紹介したように、「TOYODA BEER」は食品生活科学の味成分調査から、「エビスビール」に近い味覚をもつことがわかった。エビス（恵比寿）ビールとは、サッポロビールが前身の日本麦酒時代、明治二三年（一八九〇年）に発売され、その名前が後に「恵比寿」という街の地名となり、街のブランド化と共鳴するように発展してきたユニークな商品である（サッポロビールの公式ホームページより）。ビールの商品名が街の地名となって地域消費者の生活に定着し、やがて「恵比寿」という街が大きく発展して人々が訪れたい街として人気が高まると、この街のブランド力が今度はエビスビールの人気を支えるという構図である。このエビスビールの人気は、街のブランド力と価値を高めあい、共創しながらも、独自に魅力を伝える飲食店「恵比寿バー」の全国展開を通して、ビールと料理を楽しむ空間を提供し、さらなる拡大を続けている。エビスビールは、その歴史は大切にするが、誕生当時のデザインやパッケージは継承せず、いわばその遺伝子を受け継ぎながら、地理的な生活や観光の空間の中に定着してきた。恵比寿は、「TOYODA BEER」と同じ一三〇年前の商品誕生時から現在まで、観光や飲食で訪れたい街としてビールとともに発展してきたのである。

このように、エビスビールは、単品ブランドの魅力が恵比寿バーという空間の中で広がりをもち、さらに恵比寿という場所（街）に溶け込んでいる。一方、「TOYODA BEER」は現代の消費者にとっては、新しいクラフトビールの商品である。一三〇年の歴史の有無という違いは大きいものの、今後の目指すべき事業の方向を考えるうえで、このエビスビールの事例は参考になる。これまでのところ、「TOYODA BEER」は単品ブランドの魅力を高めるためのさまざまなプロモーションを展開し、取扱店舗の小売、飲食店を市内に開拓してきた。ブランド戦略やマーケティング戦略の理論や教科書どおりの実践をしてきたともいえる。それでも、マーケターの思いが消費者や企業に伝わらず、市場の浸透が拡大しないのはなぜか。まだ販売後、数年しか経過していないので、これからの課題であるが、そこには消費者や企業からの「共感」が重要なキーワードになると考えられる。共感（sympathy, empathy）とは、他人の感情状態を共有する精神機能を指し、心理学や認知科学などでは、他人の感情状態を頭の中で推論して理解する「認知的共感（cognitive empathy）」と、その感情の状態に身体的反応で同期する「情動的共感（emotional empathy）」に分けて説明される（梅田編、二〇一四）。この共感には、他人の喜びや感動というポジティブな側面だけでなく、悲しみや不幸への共感というネガティブな面もあり、コミュニケーション上では人間の脳や感情に自然に生まれることから古くからある概念である。最近では、SNS（ソーシャルネットワーキング・サービス）の普及で、Twitter や Facebook で他者の発言や画像に容易に共感の態度を表明できることから「いいね！」の拡大やネガティブな炎上現象なども身近にみられ、共感は新しい問題でもある。梅田編（二〇一四）によれば、認知的共感とは、比較的意図的なプロセスであり、スイッチのオン／オフのように切り替えができるという。善人が無実であるのに罪の疑いをかけられるのを見て不適切であると思い、スイッチがオンになり、悲しくなったり、憤りを感じたりする。一方、倫理的に不適切な行為をした人が相応の非難や罰を受けるのをみて、罰を受けるのは当然と考えて共感のスイッチはオフにする。これに対して、後者の情動的共感は、身体的な反応が優先され、その場の状況に接した時点で、脳や感情が自然に反応してしまい、他者の心的状態を考える結果として共感が認識されるという。共感のプロセスでは他者の心的状態の推論が重要であり、その生起には身体的反応を前提とする情動的共感と、身体の反応を経ずに思考プロセスで判断する認知的共感の二つがある。その上で、共感を研究対象とするには、ある人間が事象に接した際にどのような身体的な反応が生じ、どのように自己認識され、どのように行動的に出力されるのか、という多次元的な枠組み

図表 2-12　単品ブランドから体験ストーリーへ

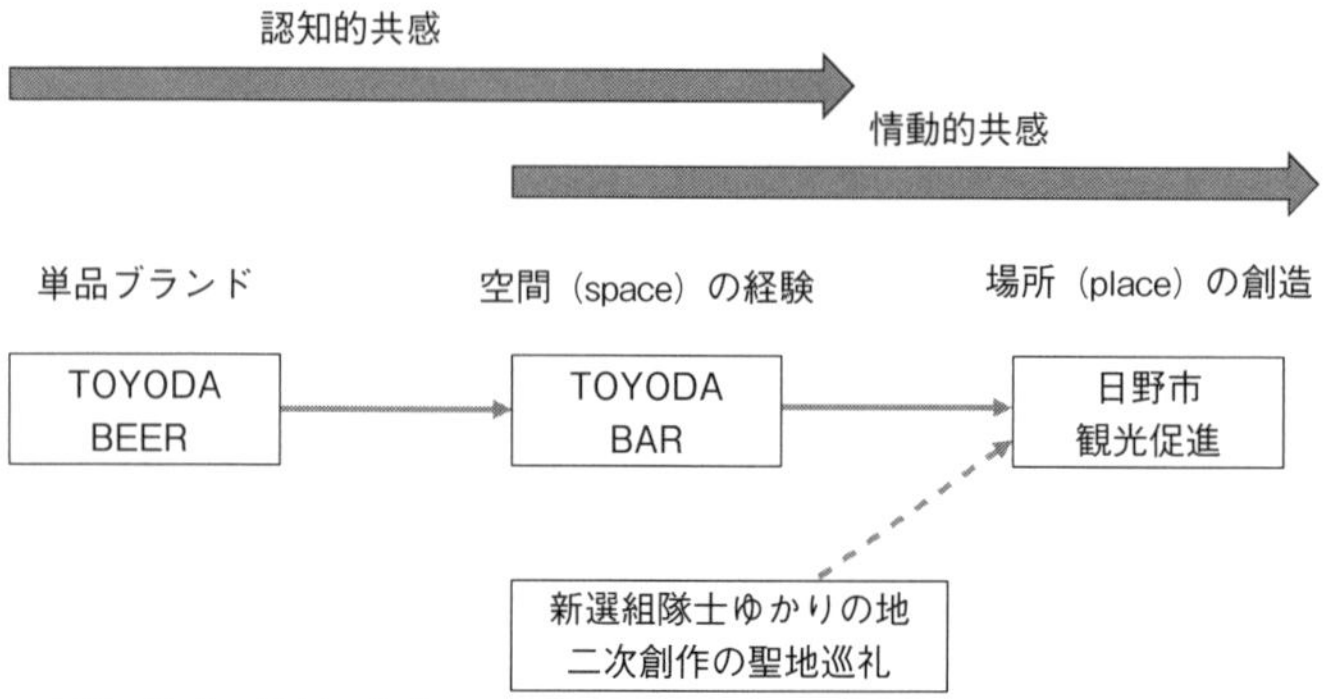

出所：筆者の見解で作成。

の中で捉える視点が大切になる。どんな商品・サービスでもそうだが、地域ブランド商品も消費者や地域から共感や愛着を得られなければ、街の発展に貢献することはできない[2]。

最後に、この共感概念を用いて、「TOYODA BEER」という単品ブランドが、どのような過程を経て日野市という場所（place）の創造につながるのか、について筆者の見解で描いてみたい（**図表2-12**）。

まず、単品ブランドの「TOYODA BEER」を消費者や地域飲食店に知らせる知名度向上策を引き続き展開し、商品としての価値を見出してもらい、消費者や飲食店などユーザーのファンを増やす。ここで必要になるのは意図的に選択してもらえるような認知的共感の獲得である。他のクラフトビールと比べて味覚にどのような特徴と魅力があるのか、について、よりわかりやすい表現で伝えていく。地域の特産品の多くは、地域ブランドと称していても、商品特性や経験価値の評価から、高いブランド力を発揮しているとはいえない（田村、二〇一一）。「TOYODA BEER」はブランド力を高めるために、今後も継続してプロモーションや販路開拓を通してユーザーの共感の獲得を目指さなければならないだろう。しかし、それだけではモノとしての単品ブランドの売上増加にしか寄与しないので、「TOYODA BEER」を空間（space）の経験に拡大するために、先の恵比寿バーをイメージした飲食店「TOYODA BAR（トヨダバー）」（仮）を展開する方法もあるだろう。「TOYODA BEER」を主力に地域のユニークなビールなどを揃え、オリジナルの料理を用意し、大人の空間として「憩い」「癒し」「贅沢」「刺激」などのコンセプトを訴求する。ここで「TOYODA BEER」はモノから空間の経験に発展して、消費者から情動的な共感を獲得する。そして、「TOYODA BAR」が市内外でファンユーザーを獲得して定着したら、観光資源である新選組隊士ゆかりの地とその二次創作のファンから創発される聖地巡礼などと相乗効果を上げる取り組みが有効だろう。日野市にとって「TOYODA BEER」の体験ストーリーを積み重ねながら地域ブランドや観光・歴史資源の経験価値をスパイラルに高めていく方向性を描くことができる。この体験ストーリーは、日野市全体の地域振興からみれば、さまざまな出会いの「場」を提供することから紡がれていくだろう。

注

（1）本章の執筆にあたり、日野市シティセールス推進課と産業振興課から資料提供やインタビュー、講演など全面的な協力をいただいた。実行委員会メンバーの方々にも話を伺うことができた。

（2）「共感」は、消費者行動やプロモーションの研究でも注目されている。例として共感概念を用いて、特にSNSを利用する場面を想定して現代の消費者行動を説明するSIPS（シップス）と呼ばれるモデルがある。SNSの情報接触から拡散まで、Sympathize（共感する）、Identify（確認する）、Participate（参加する）、Share & Spread（共有・拡散する）、の四段階のプロセスから説明する（電通コーポレート・コミュニケーション局資料より）。一方で心理学の分野では、認知的共感と情動的共感の下位概念を多次元で測定しようとする多次元性共感尺度の開発と研究も進んでいる（Davis, 1994）。

参考文献

Davis, M. H.（1994）*Empathy: A Social Psychological Approach*, HarperCollins.（菊池章夫訳『共感の社会心理学』川島書店、一九九九年）

梅田聡編（二〇一四）『共感　岩波講座コミュニケーションの認知科学2』岩波書店。

田村正紀（二〇一一）『ブランドの誕生』千倉書房。
和田充夫他、電通 abic project 編（二〇〇九）『地域ブランドマネジメント』有斐閣。

（片野　浩一・田原　洋樹）

第3章 ローカルアイドルプロジェクト

第1節　ローカルアイドルの時代

1. 域学連携とアイドルコンテンツの創出

総務省の「域学連携地域づくり支援活動」によると、大学生と大学教員が地域の現場に入り、地域の住民やNPO等とともに、地域の課題解決や地域づくりに継続的に取り組み、地域の活性化および地域の人材育成に資する活動が紹介されている（総務省ホームページから）。その活動事例は、地域振興プランづくりや商店街活性化支援、観光ガイド、地域ブランド・商品の開発とプロモーションなど多岐にわたる。その中で本章では、第1章でも紹介したコンテンツツーリズムの一つとしてローカルアイドルユニットを大学生主体で創出し、そのコンテンツを生かして地域振興に取り組む域学連携の事例を紹介する。

日本におけるアイドル市場を調査する矢野経済研究所によれば、二〇一七年度の「オタク市場」の規模は前年比一五パーセント増加して二一五〇億円となり、オタク関連市場の中で最も高く、アイドルオタクの一人当たり年間消費額は七万九七八三円（二〇一六年度）で、こちらも前年より増えた。ジャニーズ所属アイドルの人気やＡＫＢ48のコアユーザーの支持基盤、さらに新しいアイドルグループの台頭がけん引しているという（「オタク」市場調査より）。一方で、音楽市場では大きな変化が続いている。一般社団法人日本レコード協会の「二〇一八年度音楽メディアユーザー実態調査」によると、音楽を聴くメディアとして動画共有サイトのYouTubeが増加し続けており、全年齢で六五・九パーセントと最も高い。音楽ＣＤは四八・六パーセントで低下傾向にあり、定額音楽配信は一三パーセントと少ないながら、ここ三年で大きく増加している。アイドルタレントの運営会社にとって、ＣＤやＤＶＤなどのパッケージ販売で収益を上げるビジネスモデルは、YouTubeに公式チャンネルを開設して無料コンテンツを投稿・配信し、その後に定額配信サービスに結びつけるような仕組みに転換する必要に迫られている。

そうしたコンテンツとメディア市場の変容を受けるなかで、「ご当地」を売り物にするアイドルグループが近年増加している。その先駆けとなるのが、東京の秋葉原発のＡＫＢ48である。田中（二〇一六）は「ご当地アイドルの経済学」について論じるなかで次のように紹介している。秋葉原＝アキバは、サブカルチャー、アイドル、アニメ、ゲームのファンユーザー、いわゆる「オタク」にとって聖地であり、その地を活動舞台にしてアイドルグループ、ＡＫＢ48は誕生した。音楽ＣＤを初めとするパッケージ商品の売上が減少してインターネットと動画共有サイトの利用が普及したことで、ミュージシャンの活動は音楽ＣＤ依存型からライブ中心型にシフトしつつあった。ＡＫＢ48グループは、メンバー数を数十名まで増やし、秋葉原の商業ビルに専用の劇場を開設し、連日入れ替わりで公演を行う。公演の入場価格は当初一〇〇〇円と低価格の設定であった。テレビ放送を中心とするマス・メディアの中で活動する従来のアイドルとは一線を画し、アキバで会える「ご当地」のアイドルとして劇場発信型でスタートした。劇場に通うコアなファンユーザーは増加し、一〇〇回以上来場すると、ユーザーの実名や匿名のネームプレートが飾られる。この「会いに行けるアイドル」のビジネスモデルの要素は、劇場のほかに二つあり、それが握手会と総選挙である。握手会のルールは、まずメンバーごとに分かれたジャケットのＣＤに握手会チケット一枚が付いており、握手会場で、七～一〇秒間、推しメンのアイドルと握手ができる。そのＣＤにはメンバーの人気を公開された場で決める総選挙の投票券も付いている。ファンユーザーがそれぞれに推すメンバー（推しメン）のＣＤの売上に連動して投票数が増える仕組みで、一週間の投票期間には激しい投票と選挙活動が行われ、ユーザーは自分が投票する一票がメンバーの人生を左右するというユーザー参加のパワーが白熱する。ともあれ、初期のＡＫＢ48グループは少数のコアなファンで支えられ、メンバーも連日舞台に立ち、握手会やさまざまなイベントでリアルな体験型の交流を繰り広げた。このＡＫＢ48グループの登場とそのビジネスモデルは、その後にライブアイドルや地下アイドルの流れを生むと同時に全国各地の「場所」を基盤とする「ご当地アイドル」、以下「ローカルアイドル」を生み出すこととなった。

2．ローカルアイドルの登場

ローカルアイドルは、主として地方に本拠地を構えて地元を中心に活動する地域限定のアイドルであり、その結成される目的や経緯から、その後の活動の特色が分かれている。

コンテンツツーリズム学会編（二〇一四）では、ローカルアイドルの活動について、その知名度、活動内容、貢献度、独自性、社会的影響という視点から次のように分類している。①地域活性化型：地方自治体や地域の商工団体の地場産品をプロモーションするための宣伝キャラクターとして起用され、企業や商店街のためにキャンペーン活動を担う。その活動の過程でアイドルユニットやグループを結成して、地元志向で積極的にライブ活動を行い、ローカルアイドルになる。平成一三年（二〇〇一年）に山形県酒田市の商店街活性化のために結成された「S.H.I.P（シップ）」や、平成一五年（二〇〇三年）に新潟産のネギをプロモーションするために結成され、キャンペーン終了後もローカルアイドルとして長く活動を続ける「Negicco（ねぎっこ）」の例がある。②地域発オリジナル型：平成二二年（二〇一〇年）ごろから、ローカルアイドルは新たな存在感を示すようになる。その一般的な知名度を高めたのは、平成二五年（二〇一三年）にＮＨＫの連続テレビ小説「あまちゃん」で取り上げられた岩手県を舞台にローカルアイドルの誕生と成長を描いた物語である。地域商業が大型店や郊外型ショッピングセンターの台頭で衰退を続けるなかで、地元の商店街をプロモーションするためにローカルアイドルグループが結成される。地元を盛り上げる掛け声や地元を応援するオリジナルソングを歌い、地域性を生かした独自のパフォーマンスを展開する。その活動が評価されると自治体のキャンペーン大使にも起用される。平成二三年（二〇一一年）に千葉県鎌ケ谷市の地元商店街活性化のために結成されたダンスアイドルユニット「KGY40Jr（ケージーワイフォーティージュニア）」や、愛知県名古屋市の地元商店街から平成二二年（二〇一〇年）に誕生したアイドルユニット「OS☆U（オーエスユー）」は商店街や地域イベントでライブ活動しながら愛知県公認となり、全国アイドルに成長した。③地方特産型：これは地域の特産品に特化してプロモーションを行うために結成するローカルアイドルで、特産品のＰＲに活動が限定されるためにキャンペーンガール的な存在である。メンバーは中学生から大学生のために学校の卒業とともに入れ替わるが、常時メンバーが募集されることで継続するケースもある。青森県弘前市で平成一二年（二〇〇〇年）にボランティア集団から誕生した「りんご娘」はその代表的な事例である。青森県の特産品「りんご」をアピールするために結成され、メンバーの名前にはりんごの品種（ジョナゴールド、王林など）が付けられている。音楽・芸能活動を続ける一方で、地元農業の振興をＰＲする農業活性化アイドルとしても活動する。④地方芸能事務所型：プロの芸能事務所がプロデュースして本格的な芸能ビジネスを展開するローカルアイドルも存在する。地元のテレビ番組やＣＭに出演し、地元企業の販促イベントを活性化するために活動する。北海道発の育成型アイドルのキャッチフレーズで平成二三年（二〇一一年）にデビューした「フルーティー」や、愛媛県松山市のライブハウスが主導で平成二三年から活動する「ひめキュンフルーツ缶」がある。⑤地方自治体型：このタイプは地方自治体、市役所や商工会議所、観光協会、企業などがローカルアイドルを応援するために組織を作る。平成二三年に岡山県津山市でご当地アイドルとして活動した「Saku-love（さくらぶ）」や、平成二五年（二〇一三年）に山形県米沢市で生まれた「Ai-Girls（アイガールズ）」の事例がある。

以下では、このローカルアイドルをコンテンツとして大学生が主体となって創出し、域学連携と地域活性化に取り組む事例を紹介したい。

第2節　ローカルアイドルユニット「Me-gumi（めぐみ）」と域学連携

1．コンテンツツーリズムとアイドルプロジェクトのスタート

第2章でも取り上げた東京都多摩地域の日野市を舞台に、明星大学（八学部一一学科）

図表 3-1　高幡不動尊で MV 撮影

出所：筆者撮影。

の学部学生が主体となってローカルアイドルユニットをプロデュースして地域活性化のために活動する。平成二八年（二〇一六年）のライブデビューに始まり、近隣地域のイベントに出演したり、独自の地域支援活動を展開したりする（**図表3-1**）。主体となるのは経営学部教授の片野浩一ゼミナールの学生であり、ユニットメンバーも学部学生である。明星大学ではもともと、産学公連携事業を活発に推進しており、その組織として連携研究センターや地域交流センターが設置されている。

平成二七年（二〇一五年）春、マーケティングを研究する片野浩一ゼミナール（以下、片野ゼミ）では、新しい地域産業の活性化方法について検討していた。商品や企業、商店街などのプロモーションを継続的に支援するにあたり、一過性のイベントを開催しても持

図表3-2　コンテンツツーリズムと物語の旅

コンテンツツーリズム＝物語の舞台（聖地ともいう）を巡礼する。
文化観光の１つで、物語を体験・共感しながら旅をすること。

アニメ・マンガの舞台の旅

映画・テレビドラマの舞台の旅

地域アイドルを訪ねる旅

文学作品や小説の舞台を訪ねる旅

出所：コンテンツツーリズム学会編、2014。

続性がなく、また地域での認知度も乏しい。そこで、コンテンツツーリズム（第1章参照）の考え方を元に、地域で特色あるコンテンツを創ることが決まった。コンテンツツーリズムは、物語の舞台（聖地）を訪ねることであり、文化観光の一つとして物語を体験・共感しながら旅をすることである（**図表3-2**）。その中で、学生が自ら創り出せそうなコンテンツは何かを話し合った結果、アイドルが選ばれた。

まず、アイドルもコンテンツという商材であることから、マーケティング論の新商品開発プロセスに従い、商品仕様の元になるコンセプト、ネーミング、パッケージデザイン（コスチューム）を決めることからスタートした。当時、学生が議論したローカルアイドルのポジショニングが**図表**

図表3-3　Me-gumiのポジショニング

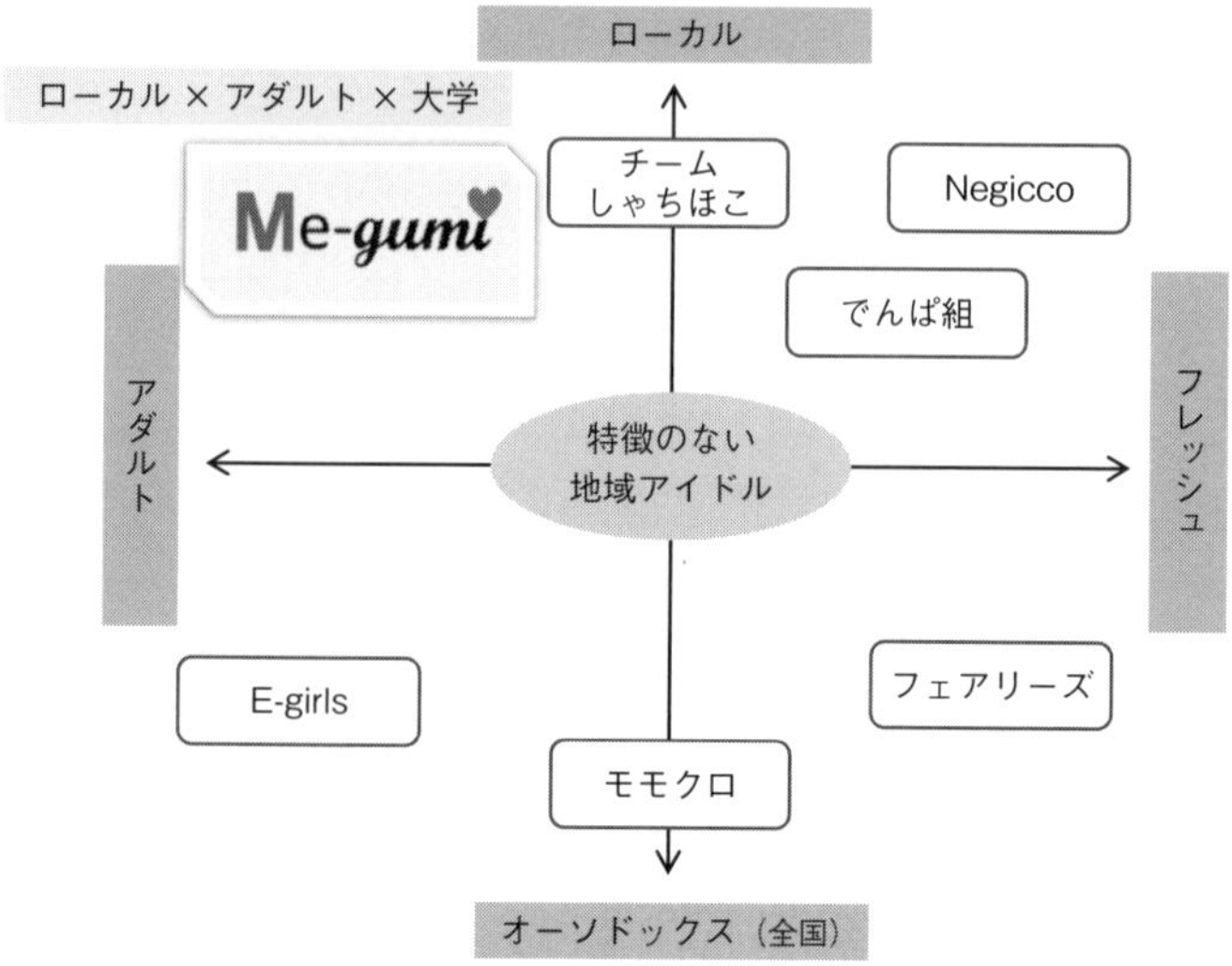

3-3である。多摩地域だけでも、ご当地アイドルを名乗る人たちが多数存在していたので、尖がった特色あるコンセプトと位置づけが必要であろうと考え、ローカル色とアダルト色を併せ持つ立ち位置を定め、コンセプトも高尾山の天狗伝説を引用してアレンジし、「高尾山の天狗の使いとして多摩地域に降臨し、街を歌とダンスで元気にする」が決まった。ユニット名のネーミングは明星大学の「Me」と日野市由来の新選組（gumi）を組み合わせて「Me-gumi」（めぐみ）と決まった。

コスチュームの初期デザインは、ポ

図表3-4　ローカルアイドルプロジェクトと域学連携の組織

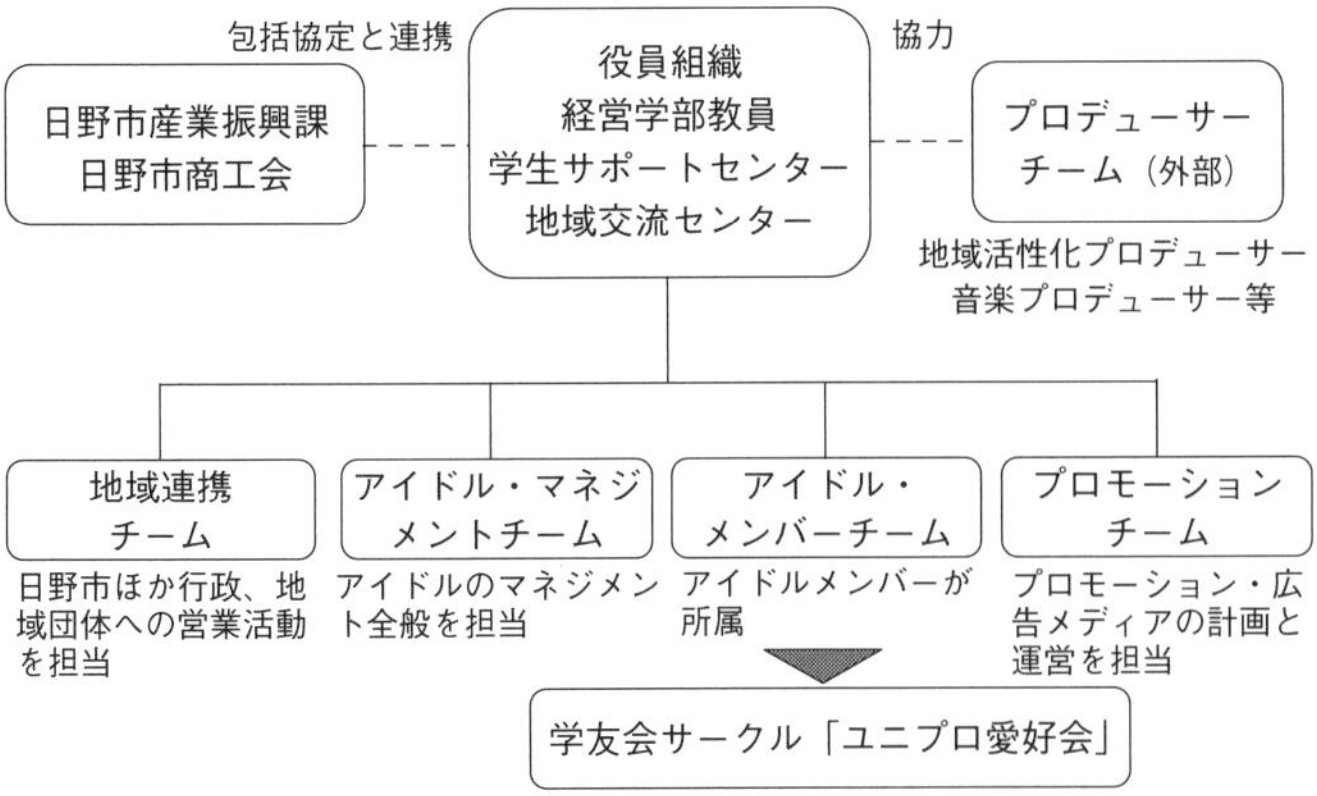

ジショニングの立ち位置から、天狗のイメージを引用してアダルト色を強調するものになった。天狗のイメージから全体は黒い和装、アイテムとして頭に付ける頭襟（ときん）、ヤツデの形をした団扇などを加えた。こうしてネーミングとコンセプト、コスチュームイメージ、活動内容が決まったことで、このプロジェクトを運営する域学連携の組織体制を整えた（**図表3-4**）。

プロジェクトを推進する中心的な組織は片野ゼミの三年生一五名であり、四つのチームを作った（地域連携チーム、アイドルマネジメントチーム、アイドルメンバーチーム、プロモーションチーム）。このうち、アイドルが所属するアイドルメンバーチームは、大学内に拡大するために大学サークル（ユニプロ愛好会）も新たに作った。域学連携の特長といえるのは、包括協定で連携している日野市の産業振興課と商工会、そして、音楽と芸能に関する専門のアドバイスをもらう外部プロデューサーとの協力と連携である。日野市産業振興課は、第２章で取り上げた「TOYODA BEER」プロジェクトを推進した組織であり、ここから映像の専門スタッフと地域商品を扱うＮＰＯ法人を紹介してもらった。外部プロデューサーには、メンバーの選抜からユニットのデビュー、またオリジナルソングの制作など、専門的な指導とアドバイスをもらうことができた。

2. デビューに向けた準備と初ライブ

こうした域学連携の体制を作り、平成二七年（二〇一五年）夏からいよいよユニットメンバーの募集に入る。大学全体からメンバー募集のオーディションを呼びかけ、初期メンバーとして二名が加入してくれた。デビュー曲となるオリジナルソング「GO FOR IT !!!」も完成して、初ライブとなる舞台は一〇月に開催される多摩市のイベント出演に決まった。ライブ出演の営業と交渉は、地域連携チームが担当した。デビュー曲の振付と練習は地域のカラオケ店を使って行い、準備が進んでいた。しかし、出演の一か月前に二人のメンバーから辞退の申し出があり、この年のデビューは見送られることとなった。プロジェ

図表 3-5　デビュー前の宣材画像

高尾山から天狗の使いとして降臨したローカルアイドルユニット。多摩地域の街を歌とダンスで元気にする。

クトの学生全員が途方に暮れる中で、次の二年生の加入に期待をかけていたところ、二年生一名が活動の内容に賛同してくれ加入することになった。このユニットメンバー（松前なな）をリーダーに、改めてMe-gumiの活動が再開し、その年の暮れにもう一名（増石りん）が加入した。この間、プロモーションチームの学生がTwitterでメンバー募集を呼びかけていたのが成果を上げた（図表3-5）。

平成二八年（二〇一六年）春に、デビューソングのミュージックビデオ（MV）の制作が行われた。日野市の産業振興課の広報担当の撮影スタッフとフィルムコミッション（日野映像支援隊）から全面的な協力をもらい、映像は高幡不動尊ほか市内各所で撮影され、歌は、大学内

図表 3-6　デビューライブとイベントの様子、イオンモール多摩平の森（平成 28 年 7 月）

出所：筆者撮影。

のスタジオを使って収録された。完成したＭＶは、YouTube の公式チャンネル（Me-gumi プロジェクト）を開設して公開した。初ライブの舞台も未だであるが、具体的なコンテンツを発信するためのプロモーションとして制作したのである。このコンテンツの訴求を契機に、春に新入生一名（星奈ひかり）がユニットメンバーに加入して三名ユニットが完成し、イオンモール多摩平の森のフードコート前の中央ステージで七月に自主企画のイベントライブ出演が決まった。ステージでは、ユニットの歌唱の他、日野市のベーカリーが売り出す「焼きカレーパン」の販売イベントをプロジェクトで企画して同時に開催した。午後二回開催して、観覧者は合計二〇〇名を超えた。観覧は無料である（図表3-6）。

図表3-7　主なライブ出演
（平成28年～29年）

平成28年（2016年）
・7月　イオンモール多摩平の森にて初ライブ
・8月　日野市夏休みイベントでライブ
・10月　ハロウィン祭りin多摩センター2016、でライブ
・10月　明星大学　星友祭でライブ
・11月　「収穫のMe-gumi祭」イベントでライブ
・12月　森の音楽祭に出演。（イオン多摩平の森）

平成29年（2017年）
・3月　日本伝統文化フェスタ（池袋）
・5月　ひの新選組まつり
・7月　高幡不動参道七夕まつり

3．ライブ活動から地域振興へ

(1)ライブ出演で認知度向上

こうして、イオンモールという大型ショッピングセンターでデビューしたのち、日野市や近隣地域でライブ出演を続けることができた（**図表3-7**）。学生プロジェクトの四つのチームもすべては初めての仕事であり、現場で起きるさまざまな事態に、その場で考えて対応することを余儀なくされ、社会人にとって必要な問題解決能力やコミュニケーション力が必然的に向上した。メンバーチームは、歌唱もダンスも素人であるため、すべては試行錯誤で、プロデューサーのアドバイスをもらいながら自分たちの手でステージを作り上げていった。

アイドルの身の回りをマネジメントするチー

ムは、マネジャー役としてコスチュームの管理とメンテナンス、メンバーの着付けをサポートした。プロモーションチームは、YouTube、Twitter、公式ホームページの運営と更新を担当した。YouTubeは、主にオリジナルソングのＭＶに関する動画を公開する。(1) Twitterでは、ユニットメンバー自ら発信して情報提供やファンとのコミュニケーションを行うほか、ユニットメンバー募集情報も発信している。公式ホームページも担当する学生がゼロから制作してライブやイベントの告知案内を行う。ホームページが大切であると皆が感じたのは、企業やマスコミの関係者から見てもらえることだった。東京新聞（「私たち 多摩の新商品」平成二八年（二〇一六年）一一月二一日付）と読売新聞（「アイドル育成日野市ＰＲ」平成二九年（二〇一七年）一月二〇日付）がライブの取材を中心に、大学発のローカルアイドルとして広い紙面で紹介してくれた。企業からは、日本伝統文化フェスタで全国のローカルアイドルを集めたライブが東京・池袋で開催され、出演オファーをいただいた。

こうしてデビュー一年目は、ユニットの認知度を上げるために積極的な営業活動を行い、地元のイベントステージに出演することができた。

図表3-8　地域活性化へ活動展開

（平成29年〜）

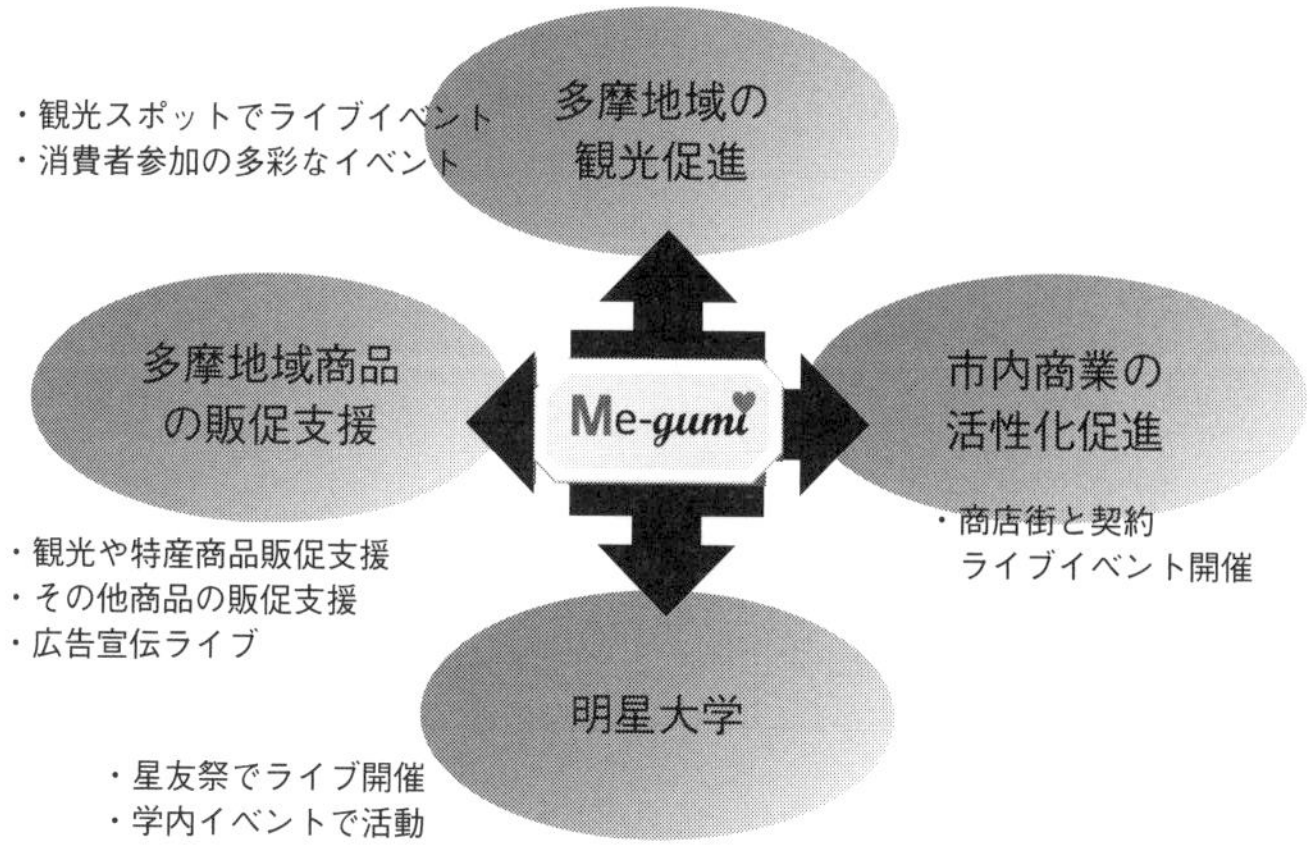

⑵地域活性化の支援

その後、デビュー二年目の平成二九年（二〇一七年）は、地域活性化への支援を活動目標に計画を立てた（図表3-8）。多摩地域商品の販促支援では、日野産農産物をPRする「収穫のMe-gumi祭」に参加してライブとPRイベントを開催した。多摩地域の観光促進では、ハロウィン祭りin多摩センター2016、2018のライブステージに出演して地元の大きなイベント、ハロウィン祭りを盛り上げた。

Me-gumiユニットが地域産業や観光を支援するにあたり、地域に密着できる方法としてオリジナルソングの制作にも力を入れた。二曲目にあたる「誠の剣—Sword

図表3-9　オリジナルソングのMV用ジャケット

of faithfulness―」は、人気ボーカロイドクリエイター、Xenon P氏に依頼し、日野出生の新選組副長、土方歳三の太く短く幕末の世を駆け抜けた一生を歌い上げる詞と曲を書いていただき、日野市内で出演するライブでは必ず歌唱している。また、四曲目にあたる「FIRE！華麗なる一撃」は、音楽好きなゼミの学生が作詞作曲を行った日野市の焼きカレーパン応援ソングである。カレーパンのスパイシーな味をパワフルでダイナミックな歌声で表現した（**図表3-9**）。

・「GO FOR IT !!!」：明るく元気なメロディと歌詞で歌うデビュー曲。

・「誠の剣」：土方歳三の一生を歌詞にし

た地域密着の曲。人気ボカロＰが制作。
・「Frost love」：人間界の男子に恋をするせつない歌詞とメロディの曲。
・「FIRE！華麗なる一撃」：地元商品の応援ソング。作詞作曲はゼミ学生。

オリジナルソングは、すべてミュージックビデオ（ＭＶ）として制作して、学内スタジオを利用した録音と屋外映像の撮影をプロモーションチームの学生が担当した。営業を担当する地域連携チームは、高尾山薬王院や高幡不動尊での撮影許可依頼の手続きを行った。

4．日野高幡商店街の公認アイドルへ

平成三〇年（二〇一八年）からの活動は、ユニットのライブ出演のほか、地域商品の販促支援で新しい取り組みにも挑戦した。市内企業の商品をＰＲするための「多摩元気プロジェクト」と名付けたプロモーション動画の制作である。第一弾は、高幡不動参道などで創業一〇〇年の歴史の老舗和菓子店、高幡まんじゅう松盛堂の商品をMe-gumi ユニットのメンバーが店舗や工場へ訪問して紹介するレポートである。第二弾は、焼きカレーパン編として市内三つのベーカリーをユニットメンバーが訪問して、カレーパンの魅力を食レ

図表 3-10　多摩元気プロジェクトの動画

図表 3-11　日野高幡３商店会からの認定証

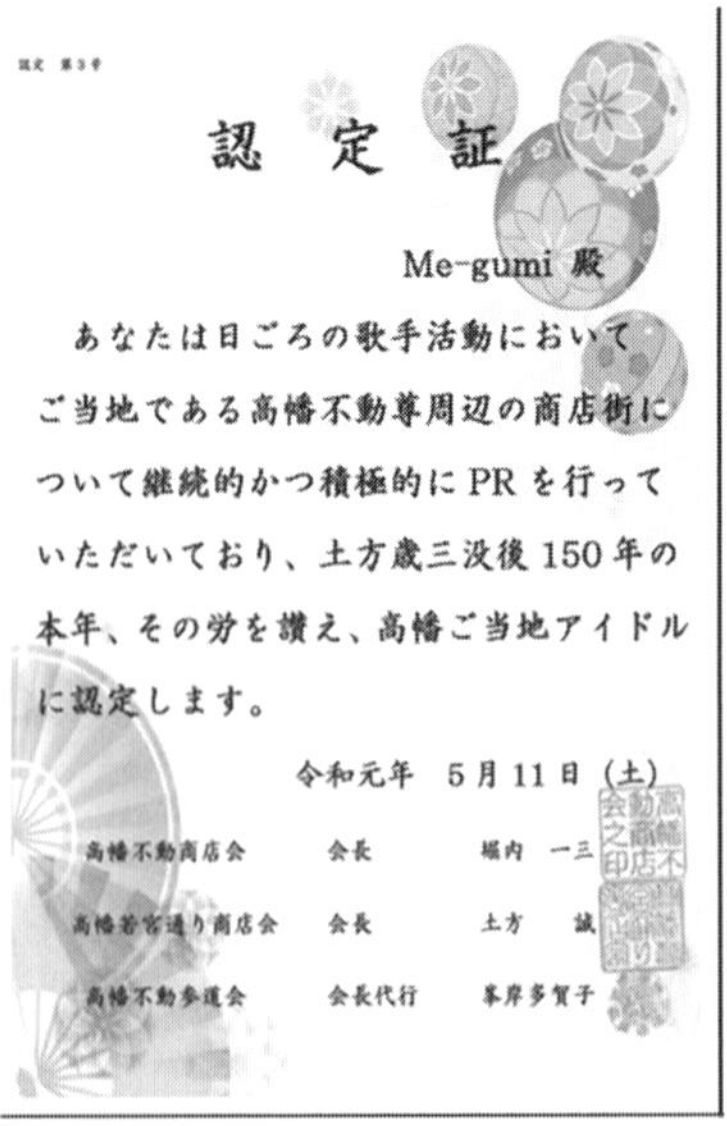

認定 第３号

認　定　証

Me-gumi 殿

あなたは日ごろの歌手活動においてご当地である高幡不動尊周辺の商店街について継続的かつ積極的にPRを行っていただいており、土方歳三没後150年の本年、その労を讃え、高幡ご当地アイドルに認定します。

令和元年　5月11日（土）

高幡不動商店会　会長　堀内 一三
高幡参道通り商店会　会長　土方 誠
高幡不動参道会　会長代行　峯岸多賀子

ポしながら紹介する動画である。その延長として、市内ベーカリーとコラボしてMe-gumiトークショーや学生提案のカレーパン新商品販売を含む一日イベントも二〇一九年三月に開催できた（図表３-10）。

これらの地域振興の支援活動に対して、二〇一九年五月に、Me-gumiユニットのホームともいえる市内高幡にある三つの商店会から「高幡ご当地アイドル」として認定証をいただいた（図表3-11）。

5．域学連携の成果と課題

⑴大学側のメリット

域学連携の成果として、大学側のメリットからまとめてみたい。大学側では、まず学生の人材育成に大きな成果がある。大学教育におけるアクティブラーニング（実践的学習）の必要性が強調される中で、このプロジェクトは、企業のイベント企画の仕事そのものである。アイドルユニットを結成して、ライブやイベントを企画して企業や自治体に売り込む。企画は計画から運営まで細部にわたる準備とオペレーションを学生チームで行う。経済産業省が提唱する「人生一〇〇年時代の社会人基礎力」では、三つの能力（前に踏み出す力、考え抜く力、チームで働く力）を発揮するにあたって、自己を認識してリフレクション（振り返り）しながら、目的、学び、統合のバランスを図ることが、自らキャリアを切りひらく上で必要としている（経済産業省ホームページ、社会人基礎力より）。このプロジェクトを通じて、学生は三つの基礎力すべての向上を期待することができ、卒業後の進路にもプラスになる。

第二に、教育研究面の成果がある。経営学部でマーケティング論を学ぶ学生たちが、新商品開発プロセスの実践としてローカルアイドルを創り上げる。企業内でも新商品開発は難しい課題であるが、このプロジェクトでは商品の素材がアイドルというモノとは異なる特性を扱うことで、さまざまな予想もしない困難に何度も直面した。理論どおりに事が運ばない難しさを学ぶことができた。また、著作権コンテンツについて実践的な教育の場になった。オリジナルソング以外のカバー曲をライブで歌唱したり、その様子を動画で撮影してYouTubeに公開したりすると、著作権コンテンツの問題に直面する。外部イベントでＡＫＢ48の「恋するフォーチュンクッキー」を何度か歌唱したが、日本音楽著作権協会（JASRAC）に信託された楽曲なので、その都度、申請が必要になる。また、その動画をYouTubeで公開すると、著作権コンテンツを含む旨の通知がYouTube側から届き、広告掲載等の対応を求められる。学生たちは路上ライブで人気曲をカバーしたり、その動画を公開する際に、著作権法の問題があることを初めて知り、その知識を学ぶことになった。さらに、高尾山の天狗伝説を引用してコンセプトや衣装をデザインする行為を二次創作として解釈する理解もできた。

⑵地域側のメリット

域学連携における地域側のメリットも大きい。図表3-8で描いたような地域活性化への貢献がある。序章でも触れたが、各地の商店街では衰退が止まらないなか、その活性化手法も行き詰っている。イベントなどのソフトやハード事業、空き店舗対策などが長年講じられてきた中で、手詰まり感がある。大学生の知恵と数、時間を活用して活性化に取り組む例が全国で増えているが、その手法にもマンネリが見えている。ローカルアイドルを結成して地域活性化に取り組む方法は、何よりも目立った特色があり、地域の関心を集められるメリットがある。日野高幡商店街から認定を受けたのも、三年間にわたる地元でのライブやイベントの貢献を認められたからだろう。第1節のローカルアイドルのタイプでも見たように、地域商店街をPRするために結成される例が多い。多摩や日野を応援するアイドルとして地域商業に貢献することは、自治体や商工会にとってもメリットが大きい。地域活性化の手段として特産品や観光資源を創ろうとするときに、歴史や文化、自然などの資源に恵まれない場合も多く、もともと地域に根差す資源を有していない地域が、新たなコンテンツとしてローカルアイドルを生み出し、産業や観光の振興を図る方法は、他の地域でも有効になるだろう。

(3) 課題

その一方で四年にわたる活動から今後の課題も見えている。

①ユニットメンバーの卒業と入れ替え

まず、活動のコアとなるユニットメンバーの卒業と入れ替えである。現役大学生をメンバーにしている以上、本人の大学卒業がユニットの卒業になる。このプロジェクトでは、全学部から広くユニットメンバーを募集するために、大学の公式サークルも運営しており、四月の新入生歓迎の際に募集活動を行う。それでも実際に加入するのは年間でも一人程度である。よって、つねにメンバー不足であるのに加えて四年後には卒業する。活動を継続していく上で、メンバーの加入は依然として最大の課題である。

②活動資金の確保とビジネスモデル

第二の課題は活動資金の確保である。アイドルユニットの活動には、これまで衣装や音響装置、撮影機材、楽曲制作料などさまざまな活動資金がかかってきた。それらはすべて大学と教員の研究費などから支出されてきた。アイドルの収入源は、一般にライブ収入のほか、会場で販売するＣＤやチェキ写真などであるが、Me-gumi ユニットは出演料や観覧料を求めず、物販も行わない。ライブの終了後に、ファンユーザーとのコミュニケーションのためにメンバーのサイン入りチェキを撮影しているが、わずかな数である。しかし、活動の継続には資金が必要であり、そのための新たなビジネスモデルは模索中である。

③成果の指標

このビジネスモデルにも関係するが、成果をどのように測るかも課題であろう。これまでは、ユニットのライブやイベントで知名度を上げたり、地域イベントに参加したりという活動を続けることに邁進してきたが、そのアウトプットも考えなければならない。ライブの観覧客数やイベント実施時の商店の売上高などである。

第3節　考察

1．ローカルアイドルと育成の文化

ローカルアイドルが特定の場所（place）を本拠地として活動することが、その場所を愛する地元消費者やファンユーザーから支持されるのは間違いない。それは、地域ブランド商品や特産品が地元から支持を集めるのと同様である。一方で地域振興のコンテンツであ

るローカルアイドルは、地域ブランド商品や特産品とは明らかに区別される特長を有している。それはアーティストと文化の側面である。本章の冒頭で紹介した人気アイドルグループＡＫＢ48は、サブカルチャーとオタクの聖地、秋葉原という地域を基盤として「会いに行けるアイドル」としてアイドルの新しいビジネスモデルを確立したと紹介した。田中（二〇一六）によれば、ＡＫＢ48の成功がもたらした現代の日本型アイドルは、「未熟なアイドルを当初から見守り、ファンとともに成長していく」ところに本質があるという。中国や韓国、アメリカでは完成された質の高いアイドルを好む文化があるのとは大きく異なり、未完成の段階から市場に出し、ユーザーが主体的にメンバーを育てていくプロセスそのものがビジネスになる。全国のローカルアイドルもそうした土壌から生まれている。Me-gumi ユニットの、「天狗の使いとして人間界に降臨して修行する」というコンセプトにも、未完成なアイドルに対して市場からの共感と支持を集めたいという狙いがあった。地域の商店街と地元のファンユーザーがアイドルの成長を支援する仕組みである。しかし、その結果は多様である。

ＡＫＢ48は今や会いにいけないアイドルとなり、活躍の場はマス・メディアになっている。ローカルアイドルのなかにも同様にマス・メディアで活動するまでに成長したグループも少数ながら存在するが、多くはメンバーの卒業と進路、地域活性化という当初の目的と支援の終了、などさまざまな理由から解散していく。地域活性化を目標にした取り組みも永続するわけではなく、予算やスポンサーが付かなければ活動は休止するのである。その意味で、総じてローカルアイドルとは期間限定の地域ブランド商品なのかもしれない。

2. 天狗アイドルと二次創作

次に、Me-gumi ユニットのコンセプトである「天狗の使い」とそのコスチュームは、オリジナルの天狗伝説を元に二次創作された天狗アイドルである。天狗伝説は日本全国に存在するが、その所以や根拠も諸説がある。もともと天狗は日本古来の山岳信仰と深い関係があるとされ、修験道者（山伏）が深山幽谷に入って修行・苦行を重ね、山の神気と融合して超能力的な神通の力を体得して聖者となり、天狗の名のもとに神として祀られたと解釈される説がある（高尾通信ホームページより）。長い鼻に山伏姿やカラス姿の天狗など伝説にはいくつかの偶像がある。Me-gumi ユニットのコスチュームにはカラス天狗や山伏が付けていたトキン、団扇などのアイテムを装備させ、天狗アイドルのイメージを作った（**図表3-12**）。

図表 3-12　高尾山薬王院の天狗像と天狗コスチューム

出所：筆者撮影。

そして、この二次創作コンテンツの人気が近年のコンテンツツーリズムの原動力にもなっていることを指摘しておきたい。コンテンツの二次創作の拡大は、日本では東（二〇〇一）がオタク系文化（コミックやアニメ、ゲーム、パーソナル・コンピュータ、SF、特撮、フィギュア、など一群のサブカルチャー）と呼ぶものの中でポストモダン的な特徴として指摘してきた。オタク文化とポストモダンについて研究する東（二〇〇一）によれば、「『二次創作』とは原作のマンガ、アニメ、ゲームを性的に読み替えて制作される同人誌や同人ゲーム、同人フィギュアなどの総称である」。つまり、原作（オリジナル）のある人気マンガやアニメ、ゲームなどのコンテンツを登場人物の性別を男性から女性（あるいは女性から男性）に入れ替えて新たにキャラクターを創造したり、原作のストーリーを改変、あるいはパロディ化したりしながら、新たに作品を創作する同人誌や同人ゲーム、同人フィギュアなど、特定のファンのみに向けた制作物である。つまり、オリジナル（一次創作）から生まれた創作物である。ここでは、この二次創作コンテンツの人気がユーザーを観光地へ誘引する新しいコンテンツツーリズムになっている近年の動向を指摘しておきたい。例として、日野市出生の土方歳三をモデルに描いた歴史小説として、司馬遼太郎原作の『燃えよ剣』がある。この小説はオリジナル（土方歳三）の二次創作物であり、作品人気は今も続いていて、日野市にも多くのファンユーザーがゆかりの地を訪れている。しかし、近年の新選組人気は、新選組のさらなる三次創作ともいうべき、アニメ・ゲーム作品『薄桜鬼』や、土方歳三が佩いていた愛刀「和泉守兼定」がイケメンキャラクターとなって登場するゲーム・アニメ作品『刀剣乱舞』が大ヒットして、そのファンユーザーがオリジナルを訪ねるコンテンツツーリズムが起きているのである。筆者が、京都市内にある新選組ゆかりの場所である八木邸を訪ねた際に、刀剣乱舞のファンユーザーである女性客グループが訪れていた。全国で起きている刀剣女子ブームの原動力も『刀剣乱舞』なのである。こうしたユーザーの行動は、第1章のアニメツーリズムで紹介した聖地巡礼行動であり、二次創作コンテンツからオリジナルを訪ねる旅が生まれている。[2]

注

（1）二〇一九年八月時点で、YouTubeの公式チャンネル（Me-gumiプロジェクト）では、四つのオリジナルソングのMVのほか、多摩元気プロジェクトの動画などを公開している。
https://www.youtube.com/channel/UCsxa5q_28RV5akBNp-Zq0-g
また、同時点のユニットメンバーは三名（星奈ひかり・水無月さよ・日ノ宮ななせ）である。

（2）二次創作から、さらに三次、四次の創作を生みだす連鎖はN次創作と呼ばれる。片野・石田（二〇一七）では、「初音ミク」を初めとするボーカロイド楽曲のコンテンツから派生的にN次創作がニコニコ動画やYouTubeで生まれる現象を経済学的に分析し、N次創作が現代のクリエイティブ産業やコンテンツの市場を大きく変えるパワーになっていることを紹介している。

参考文献

東浩紀（二〇〇一）『動物化するポストモダン―オタクから見た日本社会』講談社。

片野浩一・石田実（二〇一七）『コミュニティ・ジェネレーション―「初音ミク」とユーザー生成コンテンツがつなぐネットワーク―』千倉書房。

コンテンツツーリズム学会編（二〇一四）『コンテンツツーリズム入門』古今書院。

田中秀臣（二〇一六）『ご当地アイドルの経済学』イースト・プレス。

第３章　ローカルアイドルプロジェクト

（片野　浩一）

第4章 ローカルスイーツ開発プロジェクト

はじめに

東京都日野市の明星大学では、「地域創生」をコンセプトとし、地域貢献を目的とした活動を積極的に行っている。経営学部においても平成三〇年（二〇一八年）度より「多摩ブランド創生コース」を設置し、多摩地域の活性化に寄与するべく、域学連携型授業を始めとしたさまざまな地域貢献活動を展開している。本章では、その活動の一環として実施している「ローカルスイーツ開発プロジェクト」の取り組みについて紹介する。

活動の背景として、近年、日本における高等教育の現場において、グローバル化の進展や学生の労働市場への円滑な参入を目的とした、いわゆる「質の保障[1]」が求められるようになっており、各大学においては、アクティブ・ラーニング[2]に代表される教授法や学習法の見直しが図られている。中央教育審議会（二〇〇八）は「学士課程教育の構築に向けて（答申）」において、「学生に目的意識をもたせ、学習意欲を喚起する観点から、地域や産業界との連携を深め、外部人材の積極的な参画を得たり、質の高い体験活動の機会を積極的に設けるなど、開かれた教育活動を推進すること」が有意義であると述べている。

こうした動きがある中で、学生が地域に入り体験型の地域課題解決活動を行う、いわゆる域学連携活動は近年盛んに行われている。このような取り組みは、地域の活性化に寄与するだけでなく、社会人としての汎用的能力が上昇するなどの学習効果が見込まれることから、地域および大学双方にメリットを享受するという研究が報告されている（安齋、二〇一八／飯盛、二〇一二、など）。

第１節　域学連携活動と類似活動の違い

まず、域学連携型活動とはどのような活動を意味するのか、その定義や他の類似活動との違いについて紹介したい。総務省では、「大学生と大学教員が地域の現場に入り、地域の住民やＮＰＯ等とともに、地域の課題解決又は地域づくりに継続的に取り組み、地域の活性化及び地域の人材育成に資する活動」と定義づけている（総務省、二〇一二）。総務省は、平成二四年（二〇一二年）に「域学連携」地域活力創出モデル実証事業として、全国一五団体を採択した。事業の目的は「地域と大学等の連携による地域力の創造に資する人材の育成と自立的な地域づくりを推進するための仕組みを構築し、地域活性化を通じた日本経済の底上げを図る」というもので、過疎地域と大学の連携を支援する体制をつくった。この総務省の動きがきっかけとなり、以降、多くの研究活動も始まったと見られる。CiNii（学術情報ナビゲータ）で「域学連携」というキーワードとした論文を検索すると二〇一四年頃から急増していることがわかる。**図表４-１**に示すとおり、論文数としてはまだまだ少なく、キーワードのヒット数でみても、ようやく一〇〇を超えた程度である

図表 4-1　域学連携をキーワードとした論文数の推移

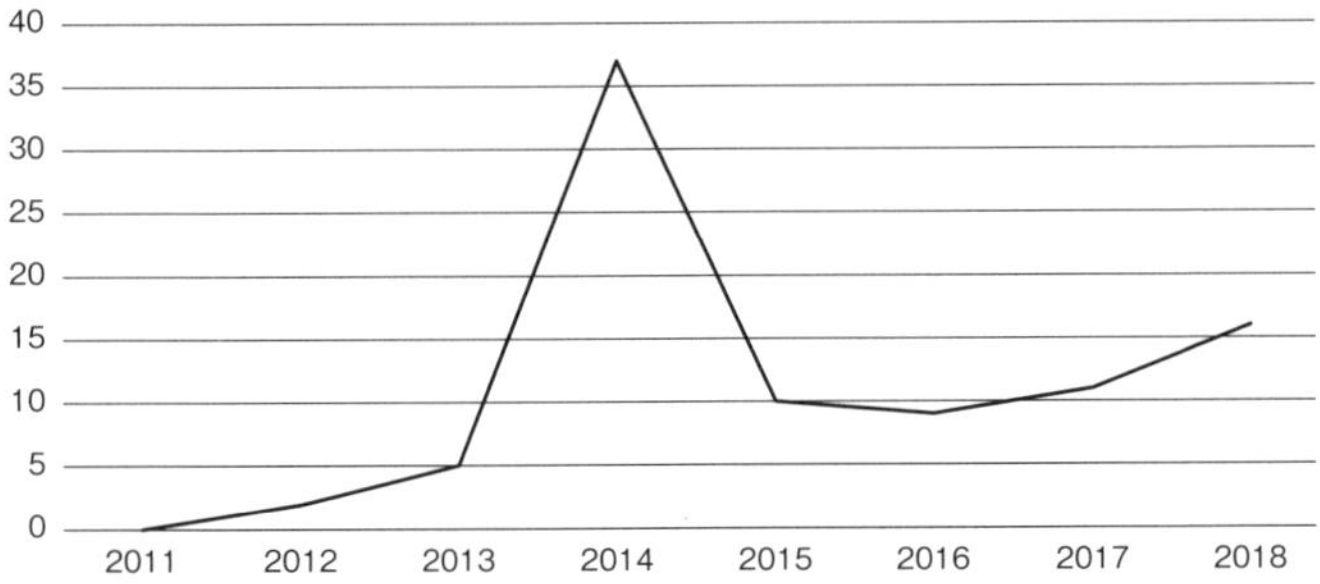

出所：CiNii 検索データベースより作成。

（二〇一九年八月一日現在で一〇四）。同類活動の一つである産学官連携の論文数（二〇一九年八月一日現在で二七三五）と比べても、今後の成果が期待される新しい研究活動であることがわかる。

一方、類似活動として、産学公連携活動は、「産業セクターと大学セクターを本格的に架橋し、それによって『学術研究に基礎づけられた産業』を活性化することを目指す諸活動の総称」（産学連携学会、二〇〇三）となっており、企業や大学、自治体といった「組織」対「組織」の連携の深化を目指したものであり、また多くの先行研究から見受けられるのは、企業業績等に及ぼす効果等についての経済学的なアプローチからの研究が多い（長平、二〇一〇）。また、同じく類似活動としてのサービス・ラーニングは、経験学習の伝統があるアメリカにおいて発展した教育形態のことである（桜井、二〇〇七）。その定義はいくつか存在するが、代表的なものとしては、「学生たちが、人々とコミュニティのニーズに対応した活動に従事する中で学ぶ、経験学習のひとつの形であり、そこには意識的に学生の学びと成長を促進するように設計された構造的な機会が含まれている」（Jacoby & Associates, 1996）とある。我が国においても近年ボランティア活動に内在する学習性に着目し、教育実践として再構成され高等教育でも広がりを見せている（桜井・津止、二〇〇九）。以上を踏まえると、サービス・ラーニングについては、地域貢献を通して、教育的効果を期待したものであり、活動自体はボランティア的な要素が強いことが特徴であると考えられる。また、同じく類似の授業形態としてＰＢＬが挙げられる。ＰＢＬとは、Project-Based Learning（または Problem-Based Learning）の略語で、課題解決型学習とも呼ばれている。複雑な課題や挑戦に値する問題に対して、学生がデザイン・問題解決・意思決定・情報探索を一定期間自律的に行い、リアルな制作物もしくはプレゼンテーションを目的としたプロジェクトに従事することによって学ぶ学習形態である（Thomas, 2000）。また Blumenfeld らは、ＰＢＬを伝統的な教育ステムと対比させ、学生が主体的に全学習プロセスを遂行し、教員は効果的な学習を促進させるために学習環境を創り出す役割がある点において特徴的であると述べている。以上を踏まえるとＰＢＬは、

図表4-2　域学連携と類似する連携型授業との関係図

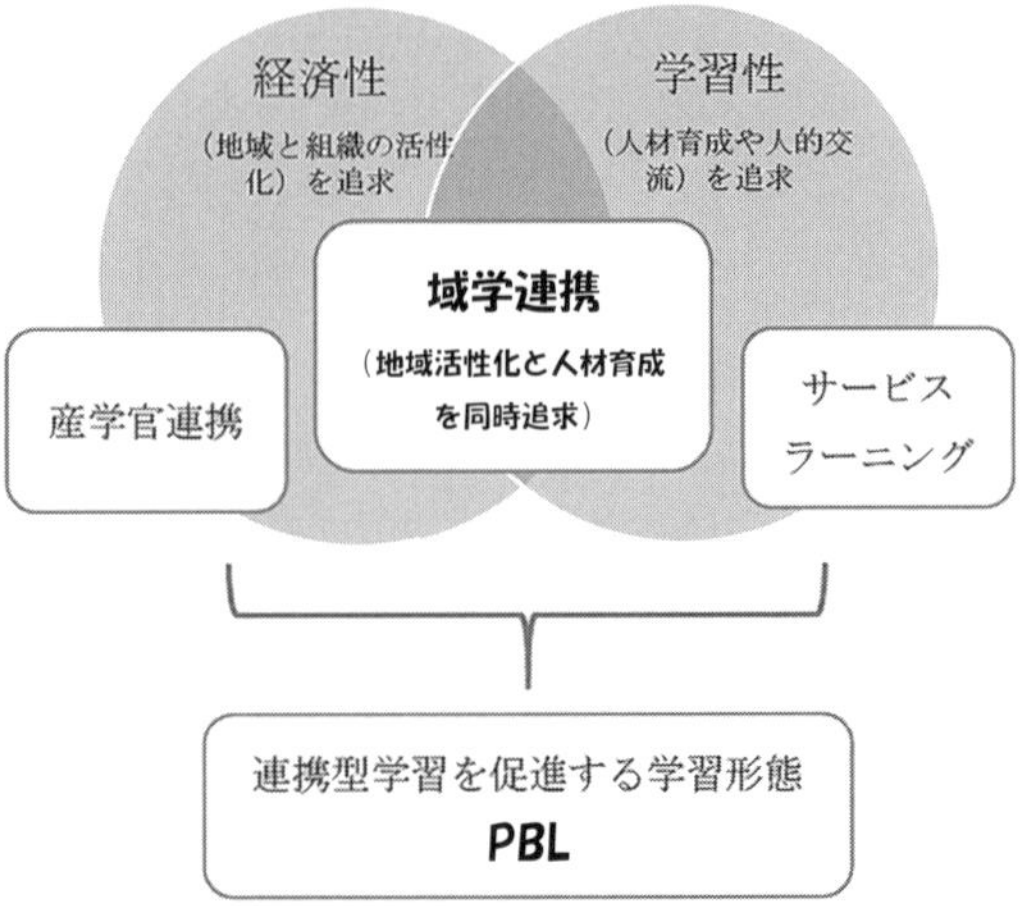

出所：田原（2019）。

学生が主体的に課題解決活動に取り組む上での効果的な環境を創り出すための学習形態または学習手法と考えられる。

　このように、域学連携型授業に類似する授業形態はいくつか存在する。ここで改めて域学連携との違いを確認すると、域学連携は既述した総務省の定義に見られるように、地域の住民や学生、教員という「人的資源」の連携にフォーカスされていて、その成果は必ずしも経済的な効果にだけに重きを置くものではなく、地域の人材育成や人的交流の促進を意識していると考えられる。この点が、経済性を重視している産学公連携とは大きく異なる点である。またサービス・ラーニングのように、ボランティア活動に内在する学習性に着目した活動に特化したものではな

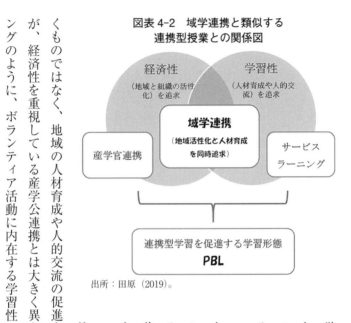

く、あくまで地域の活性化という「成果」を意識しつつ、そのプロセスにおいて人材育成効果という学習性にも寄与する活動である点において、サービス・ラーニングとも異なる活動と考える。またPBLに関しては、あくまで学習形態や学習手法を意味する用語であり、他の活動の基盤となっている概念と捉えることができる。以上の類似活動の特徴を踏まえると、域学連携活動においては、地域を取り巻く環境の複雑化、多様化する中において、地域の諸課題の解決に関しては、「人」がいかに有機的に関係していくかという時代背景から生まれた問題意識が込められており、産学公連携における経済的なアプローチと、サービス・ラーニングにおける人材育成からのアプローチの両面を追求する活動といえる（図表４−２）。

第２節　ローカルスイーツ開発プロジェクト──一年次プログラム「ビジネス実務基礎（フレッシャーズ・チャレンジ）」──

明星大学の域学連携活動の一つとして、一年次の入学直後に開始する選択型科目「ビジネス実務基礎」がある。この授業は通称フレッシャーズ・チャレンジと呼ばれ、フレッシュな一年生が取り組む体験型の域学連携活動であり、地域創生をコンセプトとする経営学部で平成三〇年（二〇一八年）度から新設されたプログラムである。

授業の概要は次のとおりである。

1．授業の目的

授業の目的は、経営学の基礎を学ぶ、社会人としての基礎力を養う、大学生活を円滑にスタートさせるという大きく三つを設定している。導入教育ということで、経営学の基礎を学ぶだけでなく、仲間づくりを意識しているところが特徴である。

- 与えられた条件に基づき新商品の企画立案を行うことで、これから学ぶ経営学について体験的にその全体像を理解する（実践躬行）。
- 実際に商売をされている地域の方との連携活動を通じ、社会人として必要な基礎力の習得を図る（地域創生をコンセプトとした域学連携活動の推進）。
- グループワークを通じて入学時に仲間作りをすることで、その後の大学生活や学びをより充実した内容にするための機会を提供する（心と体の健康管理の推進）。

2. 経営学の学びの要素

上記目的の一つ、経営学としての学びは以下の各要素で構成されている。導入教育としてこれから学ぶ経営学の基礎的要素を網羅的に取り込んだ内容である。

●ターゲットを設定し、商品を企画する（戦略・マーケティング）。
●コストを考えて値段を設定する（会計）。
●地域の資源を活用し、商品開発を行う（地域連携・起業家育成）。
●役割分担を行いチームでの活動を行う（組織・人的資源）。
●アイデアをまとめ、プレゼンテーションをする（プレゼンテーション力）。

3. 授業の内容

日野市内に本社を構える老舗和菓子メーカー、株式会社紀の國屋とタイアップし、同社の新商品開発の一翼を担う。地域に根差した経営を展開する同社と、地域創生をコンセプトとしたカリキュラムを構成している本学とのニーズが合致し、平成三〇年（二〇一八年）度から連携を組んでいる。具体的には、新商品のパッケージデザインとネーミング、価格

図表4-3　グループワークの様子

出所：筆者撮影。

を学生自身が企画考案するプログラムである。一グループ六名～七名のチーム制で企画を考え、紀の國屋の幹部層に対してプレゼンテーションを行い、優秀なアイデアを発案したチームの企画が商品化されて一般店頭に並ぶという実践的な内容になっている。商品は日野市のふるさと納税返礼品にラインナップされるなど、活動の拡がりが見られる。以下にその取り組みについて紹介したい（図表4-3）。

4. 平成三〇年度の取り組み―地域の産品を活用した四つのスイーツ開発

初年度は、地元の生産者に食材を提供して頂き、四つの新商品の試作品に対し、学生自らがパッケージデザイン等を手掛けた。最終的に学生によるプレゼンテーションを経て、日野パイロットファームの「樽トマト」を使用した「トマレーヌ」、柴崎園芸の「苺」を使用した「ジャムパパの苺スイーツ」、由木農場の「卵」を使用した「侍egg」、第2章で取り上げた「TOYO-DA BEER」を使用した「金の満月」が新商品として発売されることになった。入学時の教育プログラムとして、経営学部一年生全員に必須科目として取り上げるという取り組みは、域学連携や産学公連携を実施する大学の中でも珍しく、学内外で大きな反響を呼んだ。日本経済新聞（「キャンパス発この一品」二〇一八年一〇月二四日付）をはじめ多くのマスコミにも取り上げられ初年度の取り組みとして一定の成果を上げた（**図表4-4、図表4-5**）。

図表4-4　4作品をPRした新聞折り込みちらし

資料提供：株式会社紀の國屋。

本商品は、紀の國屋全店舗で取り扱われたほかにも、日野市のふるさと納税の返礼品として採用することが決まった。同年の八月には明星大学のオープンキャンパスにおいて、授業内で実施した学生によるプレゼンテーションを再現し、同時に四

図表 4-5　店頭で陳列された商品

出所：筆者撮影。

新商品を試供品として振舞った。学生募集の上でも明星大学を志望する高校生に対する効果的なプロモーション機会となった。

5．二〇一九年度の取り組み―ラグビー型スイーツの新商品開発

二〇一九年度は、さらに専門性を高めたプログラムにするため選択科目とした。履修を希望する学生の志望動機を読み込み、履修学生を一〇〇名に絞り授業を運営した。結果的には、これが功を奏し、前年を上回るレベルの高い作品が創作された。履修希望者には、前年のオープンキャンパスでの学生プレゼンテーションやその様子を紹介したＰＲ動画を見て明星大学経営学部を志望した学生も多く散見され、改めて本授業に対する関心の高さを実感することができた。

二〇一九年度は、新商品「ラグビー型もなか」の一商品に絞り、昨年同様、パッケージデザイン、ネーミング、価格について学生主体で企画考案を行った。ラグビーに絞った理

図表 4-6　いるかのたまご（左）と もな子（右）

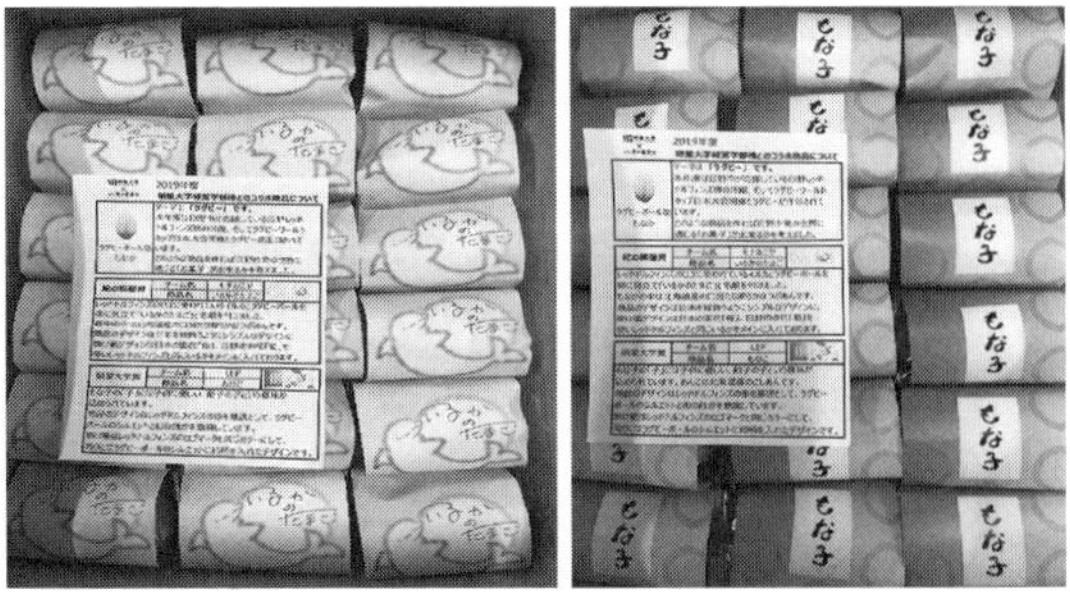

出所：筆者撮影。

図表 4-7　紀の國屋賞を受賞したチーム

出所：筆者撮影。

図表4-8　域学連携フレーム　2018年度版

連携活動の全体スキーム

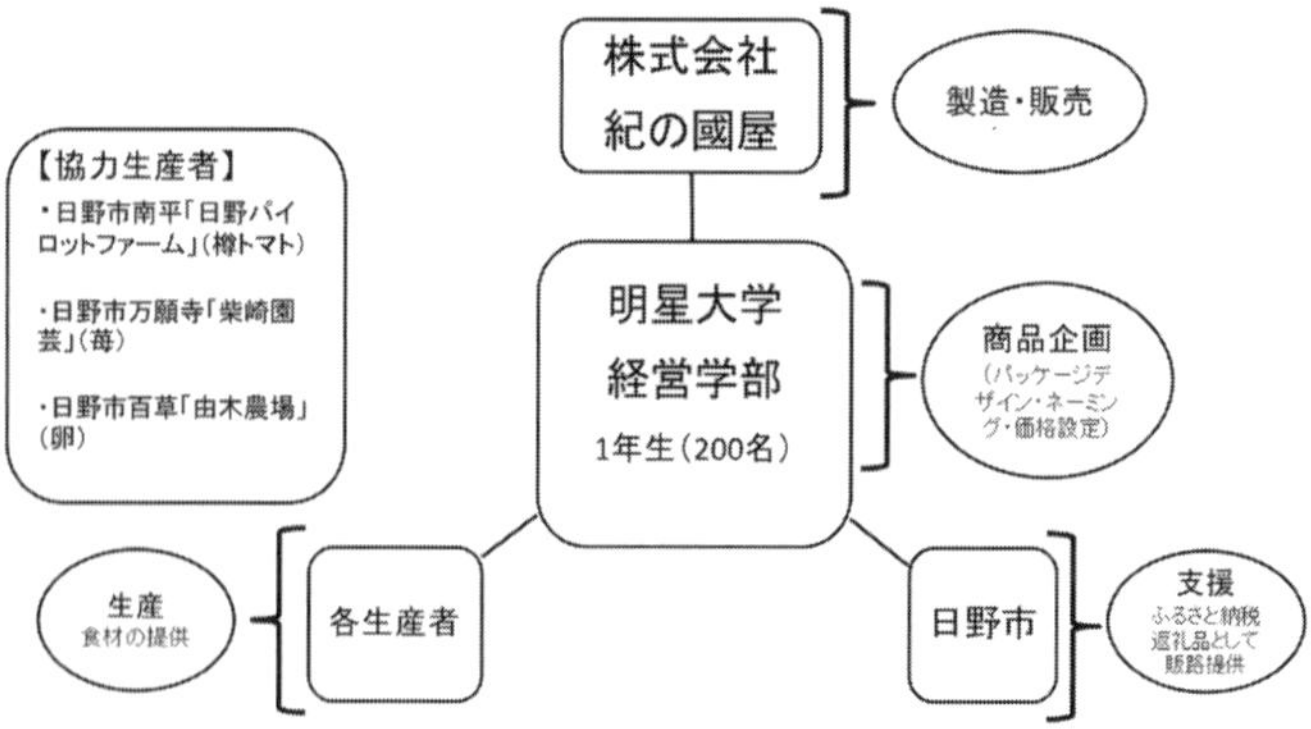

出所：筆者作成。

由は二つあり、まずは同年九月から日本で初めて開催されるラグビーワールドカップを見据えたこと。もう一つは、日野市が全面支援するラグビー社会人トップリーグに所属する「日野レッドドルフィンズ」の応援を兼ねたことである（図表4-6、図表4-7）。

学生の中には、ラグビーというスポーツ自体をあまり認識していない者も多く、ラグビーの歴史やルール等を理解させることから始めた。また「もなか」という和菓子に関しても、若者にとっては口にする機会が少なく、実際に試食をして、その食感や後味を確かめながらデザインやネーミングの考案に取り組んだ。前年に比べて難易度が高まったが、学生にとってはモチベーションのアップと大きな学びを得た。

6．域学連携フレーム

紀の國屋と明星大学の両者が連携のコアではあるが、日野市役所や市内の生産者とも連携を組んだ域学連携体を形成している（**図表4-8**参照）。二〇一九年度はさらに、日野レッドドルフィンズの親会社である日野自動車が加わることで、産学公のスキームがさらに拡がった。

第3節　域学連携活動のメリット

1．学習上のメリット

まず、大学側のメリットとして、学生の学習上のメリットを考察する。既述のとおり、学習効果として、社会人基礎力のようなジェネリックスキルの習得効果がある。以下の**図表4-9**は、以前に筆者が域学連携型授業に関わっていた東京近郊のA大学において、講義の前後で、社会人基礎力がどれくらい変化するのかについて五件法による質問紙調査を

図表 4-9　講義前後での社会人基礎力の習得変化 (平均値と差の検定)

	講義開始時		講義終了時		*t* 値	*N*
	平均値	標準偏差	平均値	標準偏差		
主体性	3.59	0.78	3.71	0.86	1.80	141
働きかけ力	3.40	0.78	3.62	0.81	3.54**	141
実行力	3.71	0.76	3.83	0.76	1.61	141
課題発見力	3.71	0.57	3.86	0.72	2.19*	139
計画力	3.28	0.78	3.61	0.83	4.47**	139
創造力	3.32	0.82	3.65	0.85	4.39**	135
発信力	3.41	0.73	3.64	0.82	3.23**	140
傾聴力	4.03	0.58	3.99	0.72	0.74	137
柔軟性	3.99	0.68	3.99	0.82	0.00	141
状況把握力	3.73	0.68	3.87	0.77	2.04*	141
規律性	4.30	0.59	4.33	0.73	0.54	138
ストレスコントロール力	3.77	0.82	3.84	0.89	0.83	139

注：**p<.01、*p<.05
出所：筆者作成。

行ったときの測定結果である。**図表4-9**が示すように、ほぼすべての項目で上昇変化が見られる。また特に上昇変化が顕著だった項目としては、「創造力」「計画力」「発信力」「働きかけ力」の四つで、いずれも講義前後で平均値の差が一パーセント水準で有意だった。「課題発見力」「状況把握力」においても五パーセント水準で有意差が見られた。いずれの項目も学生にとっては、社会人として労働市場へ参入する前に、事前に習得しておきたい能力である。このような能力は、座学形式の授業では習得しづらく、域学連携型授業のような、アクティブ・ラーニング型授業ならではの学習効果といえよう。

2. 連携企業や自治体のメリット

地域活性化に必要な観点として、よく語られるのが、「よそもの・ばかもの・わかもの」論である。初代地方創生大臣の石破茂氏は、かつて「よそもの・ばかもの・わかもの」の象徴として、「学生はすべての要素を持ち合わせている」との見解を示し、学生の地域貢献の取り組みに期待を寄せた。確かに、学生は若い感性を持ち合わせており、また多くの学生は、他の地域から大学通学のために一定期間、大学のキャンパスがある地域に通ういわば「よそ者」の存在が多い。そして「ばか者」という点でいえば、観光や地域活性化のスペシャリストではない、素人目線をもつ存在である。若い感性を持ち合わせ、当該地域に長年住んでいる当事者でなく、観光や地域の専門家でない「学生」だからこそ、思いもよらない、斬新でユニークなアイデアを創発する潜在性を持ち合わせているといえる。この点こそが、連携する企業や生産者にとって、連携を組むメリットであると筆者は考える。

実際、今回連携を組んだ紀の國屋の社長や製品開発の統括部長によると、「我々が思いもよらないアイデアを出してくる」と学生の企画創造力の豊かさに舌を巻いている。当該の販売事業者や、その道の専門家は、長年の経験に基づく暗黙知としての「判断軸」を持ち合わせていることで、かえってその判断軸が邪魔をし「新しい試み」を制御してしまうことがある。一方、学生にとっては専門知識や経験が少ない分、思いもよらない企画が出てくるといった意外性やユニークさがあるのかも知れない。そういった意味で、域学連携は、連携を組む企業や生産者にとっては玉手箱を開くときのワクワク感やドキドキ感を抱きながら学生のプレゼンを楽しみに待っているのではないかと想像する。

次に、自治体にとってのメリットも大きい。自治体がもつ公共性を考えると、一つの企業とダイレクトに連携を組むのは、なかなかハードルが高いといえる。実際に、地域に根差した大学が間に入ることは、自治体にとっても支援がしやすくなると、自治体担当者から直接話を聞いたことがある。今回、日野市が「ふるさと納税の返礼品」に採用した経緯を見ても、先に大学と企業との連携が進んでいたことで、自治体が後追い参入をしやすい環境であったことが理解できる。文部科学省のＣＯＣ構想[3]も、地域の中心（センター）に大学が存在することで、当該地域の活性化が図られるといった目論見でスタートしたが、今後このような大学主導の連携を追随する形で、自治体も連携に後発的に参画する形式が増えていくことが予想される。このような状況こそが、広域な範囲でステークホルダーを巻き込んでいく域学連携の効果ともいえよう。

第４節　域学連携の課題と方向性 ―ＤＭＯの補完機能としての役割―

以上のように域学連携は、地域や大学に多くのメリットをもたらしているが、一方で取り組みにおいてはいくつかの課題も存在する。本章の最後に、今後の解決すべき課題点を整理するとともに、今、各地域で活動が注目されているＤＭＯ(4)組織との関わり方について考えたい。

１．第三者機関の設立とＤＭＯ

一つ目の課題は、前章のローカルアイドルプロジェクトと同様に、活動を経済的に支えるための財源確保である。紹介した授業での取り組み（ビジネス実務基礎）においては、幸運にも新商品開発にかかるすべての費用は連携先である紀の國屋が負担してくれた。その他の財源の確保として考えられるのは、自治体等からの公的資金の活用や大学からの持ち出しが考えられる。スタートアップの段階では何らかの補助は必要であろうが、理想論を言えば、自ら財源を生み出す仕組みを整えることだろう。その場合、産学公が協働で第三者機関を起ち上げる等の仕組みづくりが必要になる。このような仕組みを作ることで、一過性の課題も克服できる。大学での取り組みは、「学生」や「教員」という人に頼る部分が多く、結果的に学生が卒業し、教員が退職したという時点でプロジェクトが立ち消えになることが多い。そういった課題を解決するためには、このような第三者機関の設置と運用が欠かせないであろう。またこのような機関をつくることで、学生の雇用の受け皿づくりにもなり、結果的に当該地域への若者の定住促進という、どこの地域でも抱える地域課題の解決につながることも考えられる。将来的にはこのような機関が、地域のＤＭＯや地域商社をサポートしていくような機能を果たせば、当該地域の基盤はさらに安定すると考える。

近年、我が国の観光市場において、日本版ＤＭＯへの期待が高まっている。二〇一九年八月現在で登録法人は一三六件、候補法人一一六件と合わせると合計二五二法人となり、二〇一六年に政府が掲げた「二〇二〇年に世界水準のＤＭＯを全国で一〇〇組織形成する」といった目標に対し、数字上では既に上回ったことになる。しかし、「世界水準」というレベルに達している組織がどれくらい存在するかといったことは未だ検証されておらず、実態は把握できていない。また、多くのＤＭＯでは、財源確保や人材育成の面をはじめとした数多くの課題も指摘されている。観光を軸とした地域振興を実践していくためには地域に「稼ぐ力」をもたらすＤＭＯとそれをサポートする大学機関の存在意義が今後ますます大きくなるだろう。

2. 観光産業の人材育成の観点から

二つ目の課題としては地域全体における観光産業の人材育成である。二〇一六年三月末に安倍晋三総理大臣を議長とする「明日の日本を支える観光ビジョン構想会議」において、新たな目標が掲げられ、今後に向けた方向性が取りまとめられた。その中で、観光産業の人材育成は重要な柱のひとつとして位置付けられている。一方、観光産業のすそ野は広く、必要な能力要素は多岐にわたる。インバウンドや、シェアリングエコノミー、ワーケーション等に代表される観光産業を取り巻く環境は想定以上のスピードで変化しており、その変化に対応しうる人材が育っていないといった課題が存在する。そのような背景の中、地域づくりを担う人材育成の環境として、大学機関に対する期待は大きい。当大学をはじめ、域学連携型授業を行う大学は近年増加しているものの、プログラムの体系化や、就業を見越したプロセスの確立まではまだまだ発展段階である。二〇一九年度、観光庁では全国の一三大学と連携し、観光産業を担う中核人材育成講座を開講している。

今後、全国の大学機関が担う観光人材育成事業は、地域活性化の救世主を育てる上においても重要なミッションを請け負っている。本章で取り上げた域学連携型の活動も含め、大学機関が地域に貢献すべき領域は、今後ますます拡大していくだろう。

注

（1）社会・経済・文化のグローバル化が進展し、国際的な競争がますます激しくなっていく中で、大学が社会の要請にこたえることのできる優れた人材を育成し、先端的・独創的な研究を進めることが我が国にとって極めて重要となっており、大学の教育研究水準の更なる向上、国際的にも通用するような大学の質の保証が強く求められている（中央教育審議会、二〇〇八）。

（2）教員による一方向的な講義形式の教育とは異なり、学修者の能動的な学修への参加を取り入れた教授・学習法の総称。学修者が能動的に学修することによって、認知的、倫理的、社会的能力、教養、知識、経験を含めた汎用的能力の育成を図る。発見学習、問題解決学習、体験学習、調査学習等が含まれるが、教室内でのグループ・ディスカッション、ディベート、グループ・ワーク等も有効なアクティブ・ラーニングの方法である（文部科学省、二〇一二）。

（３）文部科学省が二〇一三年度より開始した事業で、地（知）の拠点整備事業ともいう。ＣＯＣはCenter of Community の略。大学が地域の中心となって、地域の課題解決に寄与していくことを目的とした事業である（文部科学省ホームページより引用）。

（４）ＤＭＯとは、観光物件、自然、食、芸術・芸能、風習、風俗など当該地域にある観光資源に精通し、地域と協同して観光地域作りを行う法人のこと。Destination Management Organization（デスティネーション・マネジメント・オーガニゼーション）の頭文字の略。ＤＭＣはDestination Management Company（デスティネーション・マネジメント・カンパニー）の略（ＪＴＢ総合研究所ホームページより引用）。

参考文献

Blumenfeld, P. C., Soloway, E., Marx, R. W., Krajcik, J. S., Guzdial, M. & Palincsar, A.（1991）Motivating Project-Based Learning: Sustaining the Doing, Supporting the Learning. *Educational Psychologist*, 26（3-4）, 369-398.

Jacoby, B. & Associates（1996）*Service-Learning in Higher Education: Concepts and Practices*, *The Jossey-Bass Higher and Adult Education Series*, Jossey-Bass Publishers, 350 Sansome St., San Francisco, CA 94104.

Thomas, J. W. (2000) A Review of Research on Project-Based Learning.

安齋徹（二〇一八）『女性の未来に大学ができること―大学における人材育成の新境地』樹村房。

飯盛義徳（二〇一二）「大学は地域の役に立つのか？―『域学連携』の意義と可能性―」『住民行政の窓』第三七六巻、二‐二四頁。

久保田祐歌（二〇一三）「大学におけるジェネリック・スキル教育の意義と課題」『愛知教育大学教育創造開発機構紀要』第三巻、六三‐七〇頁。

桜井政成・津上正敏（二〇〇九）『ボランティア教育の新地平』ミネルヴァ書房。

――（二〇〇七）「地域活性化ボランティア教育の深化と発展―サービス・ラーニングの全学的展開を目指して―」『立命館高等教育研究』第七巻、二一‐四〇頁。

産業連携学会（二〇〇三）『設立趣意書』。

ＪＴＢ総合研究所ホームページ　観光用語集『ＤＭＯとは』。
https://www.tourism.jp/tourism-database/glossary/dmo/

総務省（二〇一二）『「域学連携」地域づくり活動とは』。
https://www.soumu.go.jp/main_sosiki/jichi_gyousei/c-gyousei/ikigakurenkei.html

総務省ホームページ
http://www.soumu.go.jp/main_sosiki/jichi_gyousei/c-gyousei/ikigakurenkei.html

田中智麻（二〇一七）「観光地域づくり人材育成の手法に関する考察―観光産業と大学の連携プログラム

の実施から―」『日本観光研究学会全国大会学術論文集』第三二号、六九‐七二頁。

田原洋樹（二〇一九）「域学連携型授業を通して観られる学習成果の検証について」『明星大学経営学研究紀要』第一四号、一‐一八頁。

中央教育審議会（二〇〇八）『学士課程教育の構築に向けて（答申）』。

長平彰夫（二〇一〇）「産学連携に関する研究動向と学術体系の検討について」『産学連携学』第七巻第一号、一二‐二〇頁。

花田朋美・山岡義卓・白井篤（二〇一二）「自主参加型の地域連携プロジェクトによる大学生の学習効果」『東京家政学院大学紀要』第五二号、一五九‐一六九頁。

文部科学省（二〇一二）『新たな未来を築くための大学教育の質的転換に向けて～生涯学び続け、主体的に考える力を育成する大学へ～（答申）』。

http://www.mext.go.jp/b_menu/shingi/chukyo/chukyo0/toushin/1325047.htm
――（二〇一三）『地（知）の拠点整備事業について』。

https://www.mext.go.jp/component/a_menu/education/detail/__icsFiles/afieldfile/2015/05/27/1358108_02.pdf
栁田純子（二〇一六）「大学と自治体との地域連携による課題解決型学習に関する事例研究―商品開発過程における学生のキャリア形成の観点から―」『東京情報大学研究論集』第一九巻第二号、一‐一三頁。


（田原　洋樹）

※本章の一部は田原（二〇一九）を加筆修正したものである。

第2部

理論とモデルの測定

第5章、第6章の要旨

第5章では、地域ブランディングに関連する海外と国内の研究動向を幅広くレビューして、それぞれの研究の意義と貢献、また課題を整理しながら、本書の問題意識に基づく研究フレームワーク＝理論モデルを提示していく。地域ブランディングには，ブランド付与対象の多様性と定義の難しさがあるだけでなく，関与主体の多様性と調整・管理の複雑性がある。これを反映して、日本の地域ブランド研究は地域特産物や観光資源の提供者側（地域側）に焦点を当てた研究が中心となっている。海外の研究はプレイス・ブランディングが中心であり、マネジメントの在り方や運営の仕組みについて研究する。場所（place）の概念は人文地理学で研究されており、観光心理学で注目されてきた経験価値の概念とともに、本書の理論モデル（経験と場所のブランディングモデル）を提示する。

続く第6章では、この理論モデルを用いて観光地を対象にしたユーザーの行動を測定する実証研究を行う。モデルを構成する経験価値、プレイス・アタッチメントの構成概念について観測変数を設計し、質問紙調査を実施する。観光地には、東京都多摩地域の4か所（高尾山、高幡不動尊、サンリオピューロランド、立川アニメ聖地）を選び、それぞれの経験価値とプレイス・アタッチメントへの影響を測定した。モデルの分析では、経験価値のうち「自己拡大」「現地交流」が4観光地すべてのモデルでプレイス・アタッチメントにプラスに影響し、他の経験価値は観光地ごとのユニークな特性を説明する測定結果となった。

第５章
モデル構築に向けた理論的考察
――地域ブランドと周辺関連分野に関する先行研究レビュー

第１節　先行研究レビューの視座

二〇〇〇年代半ば以降、我が国では、地域ブランドへの関心が高い傾向が続いている。この背景には、少子高齢化による人口減少、企業活動の縮小、税収減などの社会環境変化の下で、それぞれの地域（まち、市、県等）に活力を与える（または取り戻す）ことが期待されているという事情がある。すなわち、〝ヒト、モノ、カネ、情報の往来が盛んで、にぎわいがあり、勢いのある地域〟を創り出す（あるいは復権する）ことが求められている。

そのためには、消費者にその地域を知ってもらい、訪問してもらい、そこで思い出に残るような価値ある経験をしてもらう必要がある。それがひいては、その地域に愛着を感じてもらう重要な契機となり、友人知人への訪問推奨や自身の再訪問などといった好循環を生むことにつながる可能性がある。

このように考えるならば、地域ブランドへの取り組みとは、地域と消費者との深い関係性を構築していくプロセスと捉えることができよう。なお、一般に「ブランド」や「ブランディング」という用語の意味は論者により異なっており、混乱することが珍しくない(1)。ましてや「地域ブランド」や「地域ブランディング」という用語に関しては、そこに「地域」という曖昧な概念が付加されることもあり、さらに複雑になる（この点の詳細については、後に明らかにする）。このため本章では、先行研究における言葉の用い方に大きな幅があることを踏まえつつ、「地域ブランドとは、消費者と地域との間に構築された深い関係性のこと」であり、「地域ブランディングとは、消費者と地域との間に深い関係性を構築していくこと」であると定義をしておきたい（第１章）。

このような視座に立った場合、本書の第１章から第４章までの事例分析は、主として供給側（地域側）からみた取り組みに焦点を当てたものといえる。一方、近年におけるマーケティングやブランド研究の潮流は、経験価値、リレーションシップ、多様なステークホルダーによる価値共創という方向に焦点がシフトしつつある。このように考えると、需要側（消費者側）に焦点を当てた地域ブランド研究が手薄であるように思われる。この点についての詳細は、後述する先行研究レビューにより徐々に明らかにする。

このような状況を踏まえ、本章の目的は、国内外における地域ブランドに関する先行研究のレビューを通じて、地域（場所）における消費者の経験価値、地域（場所）への愛着、反応・態度行動モデルを構築するための概念フレームと観測変数を提示することとする。

本章の構成は、以下の通りである。第2節では、日本における地域ブランド研究と海外におけるプレイス・ブランディング研究の特徴を明らかにした上で、企業ベースで研究が蓄積されてきたブランド研究（以下では「企業ブランド研究」と称す）の成果と比較した意義と限界について論じる。第3節では、地域と人々との関係性についての議論から示唆を得るために、人文地理学におけるプレイス（場所）および関連概念に関する研究、さらに環境心理学におけるプレイス・アタッチメント（place attachment）に関する研究をサーベイし、それぞれの意義と限界について整理する。第4節では、観光心理学における分析枠組みを踏まえつつ、中でも旅行の経験評価のあり方に注目して整理を行い、その意義と限界について明らかにする。第５節では、これらの周辺関連分野の研究成果を踏まえ、地域ブランド研究において、これまでほとんど取り組まれて来なかった、地域（場所）における消費者の経験価値、地域（場所）への愛着、反応・態度行動の三者の関係性に関するモデルを構築するための概念フレームと観測変数を提示する。

第２節　国内外における地域ブランド研究の特徴

１．日本における地域ブランド研究の特徴

⑴地域ブランディング主体の多様性と調整・管理の複雑性

「序章　地域ブランディングは活性化の切り札か」においても触れたように、日本における地域ブランドへの注目は二〇〇〇年代半ばから本格化した。また、日本の地域ブランディングは、地域特産物（農林水産物、加工食品、工芸品）から観光地・まち並み（伝統・文化、歴史・遺産、商店街等）に至るまでの有形・無形の多様な地域資源を活用した取り組みである。

図表5-1　地域ブランディングのメンバー構成

(n = 855)

	コミュニティのメンバー構成（複数回答）	実質的に中心となって動いている人物・組織
自治体職員	64.7	28.7
商工会議所・商工会	54.3	12.1
地域の観光協会	39.8	5.9
地元企業	36.7	1.7
地域の一般住民	31.1	6.2
JA・任意団体	28.0	1.4
NPO・任意団体	26.0	3.5
自治体の首長	33.6	8.7
地域商店街	21.5	1.4
業界団体	21.5	2.8
大学の教授などの有識者	18.3	1.7
地域自治会	14.5	2.4
まちづくりを目的として設立した会社・団体	13.5	2.1
地域外部のコンサルタント	10.4	0.7
地域の有力者（名士など）	10.7	2.4
地域在住の政治家・議員	6.9	0.0
外部の地域出身者	4.5	0.0
外部の一般人（外国人含む）	2.4	0.3
その他	6.6	3.1
無回答	10.7	14.9

出所：矢野経済研究所（2014）より筆者作成。

ところで、地域特産物にせよ観光地・まち並みにせよ、それは地域の一部分にすぎない。とりわけ観光地・まち並みは、地域の公共財的な性質を持ち、その地域に係わる人々の共有物である。にもかかわらず、そこには地域名がつけられる。このため、地域ブランディングには、地域の誰もが参加する権利がある一方、誰が先導役を果たすのかとなると、たちまち曖昧となる（小林、二〇一八）。地域ブランディングには多様な主体が関与しうるが、実際には地方自治体や商工会議所・商工会など公的立場の組織が実質的な中心的主体とならざるを得ない（**図表5－1**参照）。同時に、地域ブランディングへの参画に対する関心度合いが異なる多様な主体の調整と管理が不可欠となる（久保田、二〇〇四）。

これらの点は、企業ブランディングのように、ブランドの付与対象が特定の商品やサービスに限定され、その所有と管理が特定の単一主体である場合と異なり、地域ブランディングの調整・管理の複雑性を生み出す背景となっている。

⑵地域ブランドに関する定義の難しさ

序章と第2章のそれぞれ冒頭でも触れたが、地域ブランドとはどのように定義されるのだろうか。代表的な研究者による地域ブランドの定義をみてみると、いくつかのタイプに分かれる（図表5-2参照）。まず、大きく二種類の地域資源の存在を踏まえつつも、両者を統合して捉える定義（経済産業省、二〇〇四）がある。第二に、両者を区分しつつ地域資源のブランドを束ねる上位概念として地域ブランドを階層的に捉える定義（内田、二〇〇四／青木、二〇〇八／小林、二〇一六）がある。第三に、地域ブランドには多様な地域資源が対象となりえることから、それらが混在することで概念が分かりにくくなっているために、地域特産物に焦点を当てて捉える定義（田村、二〇一一）がある。第四に、多様な地域資源を包含しつつ、「まち」に焦点を当てた定義（電通 abic Project 編、二〇〇九）がある。

このように、地域ブランドをどのように捉えるのかは、何を目的として、どこに焦点を当てながら論じるのかという論者のスタンスに応じてさまざまであり、統一した定義は存在しない。

これまで述べてきたように、地域ブランディングには、ブランド付与対象の多様性と定義の難しさがあるだけでなく、関与主体の多様性と調整・管理の複雑性がある。こうした事情を反映して、日本の地域ブランド研究は、地域特産物や観光資源の提供者側（地域側）に焦点を当てた研究が中心となっているものと考えられる。すなわち、一部の成功してい

図表5-2　地域ブランドの定義

論者	定義
経済産業省（2004）	(i) 地域発の商品・サービスのブランド化と、(ii) 地域イメージのブランド化を結びつけ、好循環を生み出し、地域外の資金・人材を呼び込むという持続的な地域経済の活性化を図ること。
内田（2004）	地域ブランドとは、それぞれの地域が持つイメージ（景観、自然環境、歴史背景、文化・特産品など）が、固有の価値があるものとして、地域を取り巻くステークホルダーによって広く認知されたもの。 地域の価値を示すパワーを持ち、個別の企業名や製品名などを束ねるメタ・ブランドとして機能している。
青木（2008）	一般企業における製品ブランドと企業ブランドの関係性のアナロジーから、特産品や観光地といった個々の地域資源を対象としたものを「地域資源ブランド」と呼び、個々の地域資源ブランドを束ね、導いていく存在を「地域ブランド」として区別する。
電通 abic Project 編（2009）	その地域が独自に持つ歴史や文化、自然、産業、生活、人のコミュニティといった地域資産を、体験の「場」を通じて、精神的な価値へと結びつけることで、「買いたい」「訪れたい」「交流したい」「住みたい」を誘発するまち。
田村（2011）	マーケターの想い（主観）の特産品への客体化と、客体（特産品）の主観化（消費者の想い）が相互に重なり合い合致することにより、特産品やそのマーケターと消費者との間に特異な顧客関係が生まれること。 こうしたプロセスを通じて、その市場を発展させ、それに伴う愛着心の醸成によって、高い推奨意向を持つとともに価格プレミアムが取れる商品のこと。
小林（2016）	地域ブランドとは、特定の地域空間や地域産品を他の地域のそれと異なるものとして識別するための名称や言葉、デザイン、シンボルまたはその他の特徴のこと。 ブランドの付与対象が地域空間と地域産品のどちらかに限定される場合は、「地域空間ブランド」、「地域産品ブランド」という用語を用いる。 また、両者を合わせて「地域ブランド」と呼ぶ場合もある。

出所：論者の欄に記した文献より筆者が引用・要約した。

る地域を事例として取り上げ、どのようなブランディングを行っているのか（地域ブランディングの目的、活用している地域資源、具体的な商品・サービスの内容、組織体制、ターゲット顧客、プロモーションの方法等）を明らかにし、成功要因と課題を考察するといったスタイルの研究が主流といえよう。本書第１部の事例研究も同様の視点である。

一方、本章の関心は地域ブランディングに係わる消費者側に焦点を当てた研究にあるが、これらは総じて少ない(2)。そこで、消費者側に焦点を当てたいくつかの先行研究における傾向についてみておこう。

一つめの研究群は、消費者類型から地域ブランディングのあり方を論じるものである。例えば、消費者の食生活への「こだわり」から消費者タイプを分類した上で、それが生活スタイルや食の価値観にも影響を与えることを明らかにし、消費者の「こだわり」を踏まえてブランド化を進める必要を論じた研究がある（青谷、二〇一〇）。また、地域ブランド商品を購入する際の重視項目から消費者を類型化し、それらの特性に応じて、地域ブランドの価値を向上させるアクションを考察する必要性があることを論じた研究がある（橋本・久保、二〇一七）。

二つめは、消費者類型と地域ブランド商品の消費意図（購買、訪問）との関連性を明らかにする研究である。例えば、岩永（二〇一九）は、共同性志向が高く、都市から地方への再配分を求める層を「地方援助層」と捉え、この層が地方支援目的の商品購買や観光訪問意向が顕著であることを明らかにしている。

三つめは、消費者による地域イメージと地域ブランド商品の購買意図との関係性を明らかにする研究である。例えば、朴ほか（二〇〇七）は、地域イメージがその地域の製品カテゴリーと適合している場合において、消費者の知覚品質（自分の購入目的に基づき、他の製品と比較した優位性を感じた品質）、態度（製品に対して持つ一貫した好意的・非好意的な判断的評価）、購買意図を強く決定することを示した。また、林（二〇〇九）は、地域ブランド力の高い産品は、良い地域イメージを想起させ、好ましい態度や購買意図を形成しやすいこと（「地域ブランド効果」）、また外部評価（口コミ等）が地域ブランド効果に影響を与え、製品の品質評価と態度評価（選好、期待、購買意図）を変化させることを明らかにした。

これらの研究群は、消費者のタイプを考慮した地域ブランディングを行うことの必要性を主張している点、「地域ブランドの高さ、地域イメージ、購買意図」との関係性を実証した点など、これまで手薄であった研究領域の指摘と、暗黙的に仮定してきた地域ブランドの効果等について改めて明らかにした点において意義がある。

2. 海外におけるプレイス・ブランディング（place branding）研究の特徴

(1) プレイス概念の多様性

海外における地域ブランド研究は、二〇〇四年の Place Branding and Public Diplomacy 誌の発刊をもって本格化した[3]。同誌では、プレイス・ブランディング（place branding）とは、「ブランド戦略と関連技術を適用して、都市、地域、国の経済的、社会的、政治的、文化的発展を促進するもの」であると定義する[4]。

日本における地域ブランド研究が地域特産物（product）を中心に観光地・まち並み（place）など有形・無形の地域資源を含めて対象としているのに対し、海外では「プレイス（place：地域、場所）」をブランドの対象としている点に違いがある。

では、プレイスとは、どのような概念を指すのだろうか。そこで、二〇〇四年から二〇一九年までに同誌に掲載された四五二本の論文および記事のタイトルを手掛かりに、テキストマイニングを行い、場所（place）の範囲を集計してみた（**図表5-3参照**）。この結果をみると、国レベル（nation, country）、広域レベル（region, local, urban, rural）、市町

図表 5-3　場所（place）の概念

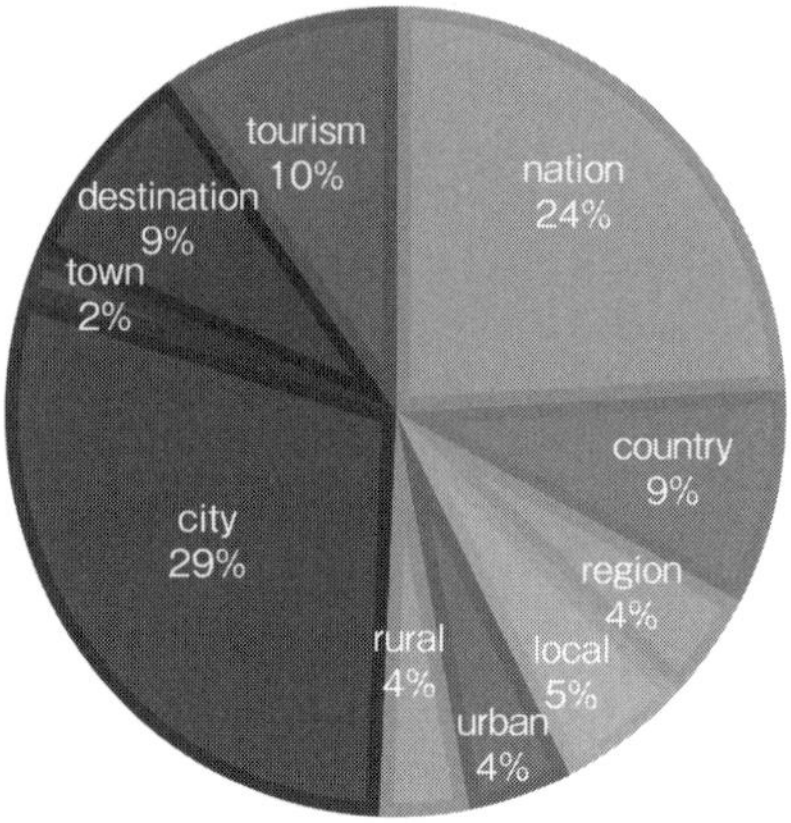

出所：Place Branding and Public Diplomacy誌に2004年から2019年までに掲載された452本の論文および記事のタイトルのテキストマイニングより筆者作成。

レベル（city, town）、観光地レベル（destination, tourism）と極めて多様である。[5] このようにプレイスの概念範囲は、それぞれの論者の関心によりさまざまである。この点において、海外では「プレイス」という用語を使っているものの、これを「場所」と直訳するという考え方もあろうが、仮に「地域」と訳しても大差はないように思われる。

(2) プレイスを企業ブランドの概念で語れるのか

①ブランド概念をプレイスに適用することの有効性

Anholt（2007）は、プレイスの競争力とブランドの関係性について次のように論じる。

まず、ブランドには、(a) ブランド・アイデンティティ（ブランドの中核的概念であり、そのブランドのありたい姿)、(b)ブランド・イメージ(そのブランドに対する消費者の感じ方のことであり、消費者の心の中に存在するもの)、(c)ブランド・パーパス(そのブランドを提供する組織の文化、共有価値、共通目標など)、(d)ブランド・エクイティ(ブランドの評判の金銭的評価であり、莫大な利益を生み出す資産)の四つの異なる側面があると指摘する。

こうしたブランドが持つ四つの異なる側面の概念を援用することで、プレイスが競争力を持つためのプロセスをうまく説明することができると主張する。すなわち、まずプレイスは、その中核的な概念としての明確なアイデンティティを確立し、それを人々に伝える必要がある(ブランド・アイデンティティ)。ただし、それを伝達された人々がプレイスに対してどのようなイメージを抱くのかは千差万別である(ブランド・イメージ)。なぜならイメージは、各人の連想、記憶、期待、その他の感情に依存するからである。一方、プレイス内部のステークホルダーが同じ価値観、同じ目標を共有し、一致団結してブランド・アイデンティティを伝達することができれば、それは力強い評判を構築する可能性がある(ブランド・パーパス)。さらに、プレイスが積極的で力強く信頼できる評判を獲得できたならば、それは莫大な価値を持つ資産(ブランド・エクイティ)となり、そのプレイスは競争力を獲得することができると述べる。

②製品ブランド概念をプレイスに適用することの困難さ

Cozmiuc（2011）は、シティ・ブランドは場所、観光客への魅力、天然資源、地域製品、人々、人種、民族、歴史、文化、言語、政治的・経済的システム、社会制度、インフラストラクチャーなど多様な要素や連想などに光を当てたものであると述べる。シティ・ブランディングは、その場所の発展と繁栄にとって、その場所の評判に目を向けさせようとする試みであり、戦略的なアプローチをとることが不可欠である。このため、シティ・ブランディングを定義するためには、歴史、アトラクション、ニックネーム、人口、経済、観光、居住者、訪問者など場所の構成要素を考慮する必要があると論じる。

一方、シティ・ブランドと製品ブランドの特性を比較し、前者に後者の概念を適用することは困難であると主張する。具体的には次の(a)～(g)の七点において両者に根本的な相違がある。(a)提供物について、前者は無形物であるが、後者は製品・サービスであること。(b)属性について、前者は定義が困難であるが、後者は定義可能であること。(c)便益について、前者は主に情緒的なものであるのに対し、後者は機能的であり情緒的であること。(d)イメージについて、前者は複雑で多種多様であるのに対し、後者は単純明快であること。(e)目的について、前者は都市イメージの普及促進であるのに対し、後者は売上拡大であること。(f)所有者について、前者は曖昧で多くのステークホルダーが存在するのに対し、後者は一主体であること。(g)ターゲットについて、前者は定義が困難であるが、後者は細分化可能であること。

③コーポレート・ブランド概念を適用することの有効性

Kavaratzis（2009）は、プレイス・ブランドとコーポレート・ブランドの概念の類似性に着目し、その適用を試みる。まず、コーポレート・ブランドとは、ある組織の独自のビジネスモデルについての視覚的、言語的、行動的な表現であり、それはその組織のミッション、コア・バリュー、信念、コミュニケーション、文化などの総合的なデザインを通じて行われる。また、コーポレート・ブランディングの基本要素は、アイデンティティ、組織文化、行動、価値、イメージ、評判、多様なステークホルダーであり、そのプロセスは、それらの基本要素の相互作用であると捉える。その上で、コーポレート・ブランディングのモデルと知見を積極的に取り込み、シティ・ブランディングのモデルを構築すべきだと主張する。

図表 5-4　プレイス・ブランディングの定義

論者	定義
Anholt（2007）	評判を構築または管理するために、名称やアイデンティティを設計・計画・伝達するプロセス。
Fan（2010）	地域の評判を改善・強化するために、地域のイメージを創造・監視・評価および積極的に管理するプロセス。
Cozmiuc（2011）	都市がその強みと機会に光をあて、現状よりも高い評判を獲得ための政策を展開する戦略的アプローチ。
Kavaratzis and Hatch（2013）	ステークホルダー間における地域のアイデンティティを巡る絶え間ない対話のプロセス。
Boisen et al.（2018）	地域の評判を維持・改善するための意識的な活動であり、換言すれば、評判管理のこと。

出所：論者の欄に記した文献より筆者が引用・要約した。

(3) プレイス・ブランディングの定義

次に、プレイス・ブランディングとは何を意味するのだろうか。代表的な論者の定義を**図表5-4**に整理した。これらの定義の共通項として、プレイスの「評判」を構築（あるいは獲得、維持、強化、改善、管理）することが挙げられる。ただし、評判に関連する概念（アイデンティティ、イメージなど）への重きの置き方は、論者によって異なっている。これらを踏まえると、プレイス・ブランディングとは、「アイデンティティ」の構築（あるいは再構築）、「イメージ」の形成（あるいは再形成）、「評判」の獲得（あるいは維持・改善）、という三つの要素を取り巻く絶え間ない動的なプロセスとして理解できそうである。

(4)プレイス・ブランド・マネジメントのあり方

①戦略的プレイス・ブランド・マネジメント・モデル

Hanna & Rowley（2011/2013）は、プレイス・ブランディングのプロセスにおいては、プレイスのステークホルダーの関与が不可欠であり、彼らの相互作用を促進するためのマネジメントが必要であると論じる。そして、先行研究ではマネジメントを行う上で必要と考えられる要素の一部にしか触れていないとし、それらを包括した戦略的プレイス・ブランド・マネジメント・モデルを提示した。このモデルは、プレイス・ブランド戦略の策定や、ブランド・アイデンティティおよびブランド経験に適合するインフラ整備（再整備）に従事するブランド・マネジャーを支援することに目的があるとし、その鍵となる具体的な活動領域には、(a)～(j)の一〇個があると論じている（図表5-5参照）。

すなわち、(a)ブランド評価（ブランド経験に関するフィードバック情報を収集する手段）、(b)インフラストラクチャー（ブランドの機能的属性、経験的属性、アクセス可能性および十分性を把握し、インフラを（再）整備すること）、(c)ステークホルダー・マネジメント（ステー

図表 5-5　先行研究にみるプレイス・ブランド・マネジメントにおける構成要素

先行研究＼構成要素	ブランド評価	インフラストラクチャー	ステークホルダー・マネジメント	ブランド・リーダーシップ	ブランド・アイデンティティ	ブランド構成	ブランド表現	ブランド・コミュニケーション	口コミ	ブランド経験
関係的ネットワーク・ブランド（Hankinson, 2004）		◎	◎					◎		
シティ・イメージ・コミュニケーション（Kavaratzis, 2004）	◎	◎	◎					◎	◎	
観光地ブランディング・モデル（Cai, 2002）		◎			◎			◎		
観光地ブランディングの 7A モデル（Baker, 2007）	◎	◎	◎			◎	◎	◎	◎	◎
シティ・ブランドのマネジメント（Gaggiotti et al., 2008）		◎	◎					◎		
プレイス・ブランドのマネジメント・フレームワーク（Hankinson, 2007）			◎		◎			◎		
シティ・ブランディングのプロセス（Kavaratzis, 2009）		◎	◎					◎		
プレイス・ブランド・センターの概念フレームワーク（Zenker & Braun, 2010）		◎				◎		◎		
観光地の戦略的ブランディング（Balakrishnan, 2009）		◎	◎			◎		◎	◎	
観光地ブランド開発のプロセスモデル（Moilanen & Rainisto, 2009）	◎	◎						◎		◎
戦略的プレイス・ブランド・マネジメント・モデル（Hanna & Rowley, 2013）	◎	◎	◎	◎	◎	◎	◎	◎	◎	◎

出所：Hanna & Rowley（2013）より筆者作成。

クホルダーと彼らの関心事項を確認し、焦点を絞り、彼らの前向きな参画を促すこと）、(d)ブランド・リーダーシップ（ステークホルダーが積極的に関与できるように論点を明示し、関与を促すこと）、(e)ブランド・アイデンティティ（ステークホルダーによって共有されたその場所に関する価値と意味のことであり、プレイス・ブランドの本質となるもの）、(f)ブランド構成（そのプレイスに関連するコミュニティ、公共・民間組織が所有する複数のサブブランドのポートフォリオを設計・管理するプロセス）、(g)ブランド表現（ブランド名、ロゴ、配色、写真を通じて視覚的言語的に表現すること）、(h)ブランド・コミュニケーション（ブランド・アイデンティティの伝達に関連する活動のこと）、(i)口コミ（消費者間の非公式なコミュニケーションのこと）、(j)ブランド経験（さまざまなコミュニケーションチャネルを通じた消費者のブランドとの関わりのことであり、場所のイメージ形成や評価に影響を与えるもの）である。

また、このプロセスの結果として求めるものは、人々の心の中に存在するブランド・イメージではなく、現実性を伴ったブランド経験にあると主張する。そのために、ステークホルダーの関与とインフラ整備が極めて重要であり、この点にこそプレイス・ブランドのマネジメントと製品ブランドやコーポレート・ブランドのマネジメントとの違いがあると述べる。

②具体的な文脈を踏まえたマネジメントの必要性

先に示した戦略的プレイス・ブランド・マネジメント・モデルは、企業のブランド・マネジメント研究の蓄積を踏まえたモデルであり、プレイス・ブランディング研究の流れを知る上で重要な理論的枠組みといえよう（電通abic project編、二〇一八）。

一方で、このモデルは極めて包括的、抽象的であり、個々の現場における現実的な運用が想定されているとはいい難い。とりわけ優れたブランド経験を実現するためのインフラ整備と、そのためのステークホルダーの関与に焦点が当てられているが、それらを具体的にどのように遂行するのかは明らかにされていない。

プレイス・ブランドは、ターゲットとする集団の違い、プレイスにおける提供物の違い、人々が抱くイメージ（その言語的表現としての評判）や態度の違いなどにより、具体的に定義することは非常に困難である。こうした状況を踏まえ、Zenker and Braun（2017）は、ターゲットに応じて、それぞれに固有の個別具体的な提供物のブランド（サブブランド）を想定した高度なマネジメントが必要であると論じる。

3．地域ブランド研究の意義と限界（企業ブランド研究の成果と比較）

(1)国内外における地域ブランド研究の特徴

日本の地域ブランド研究の特徴として、(a)ブランド付与対象が多様（有形・無形の多様な地域資源）であること、(b)関与する主体が多様でその調整・管理に複雑性があること、こうした状況を受けて、(c)研究の焦点が地域側の活動状況に置かれ、消費者の経験内容、地域イメージ、購買意図等との関係性については深く言及されていないこと、(d)地域ブランドの定義が論者のスタンスに応じてさまざまであり、統一した見解が存在しないこと、の四点が指摘できる。

海外の地域ブランド研究の特徴として、(e)プレイスに焦点が置かれているものの、その概念範囲は国・地域・都市・観光地と多様であること、(f)コーポレート・ブランドやブランド・エクイティ・マネジメントに関する概念（アイデンティティ、組織文化、イメージ、評判、多様なステークホルダー）を援用し、プレイスの優れた評判を獲得するためのステークホルダー・マネジメント論としての色彩をもって研究が深められつつあること（ただし、包括的で概念先行であり、現実味に乏しい）、(g)消費者のイメージ、評判、ブランド経験といった用語が使われているが、深く立ち入られていないこと、の三点が指摘できる。

総じて、日本および海外における地域ブランド研究は、主としてブランド・アイデンティティ論やブランド・エクイティ論などに依拠しつつ、当該地域ブランドの競争優位性を確立するために、地域側（供給者側）のステークホルダーがいかに一致団結して取り組むかという視点に留まっているといえる。

(2)ブランドと消費者との経験を通じた関係性構築プロセスへの注目の欠如

二〇〇〇年代以降におけるマーケティング研究やブランド研究を振り返ってみると、ブランドの経験価値、ブランドと顧客（消費者）との関係性（ブランド・リレーションシップ）、顧客（消費者）を含むすべてのステークホルダーとの相互作用によるブランド価値共創等へと議論範囲が拡大している（Allen et al., 2008／Merz et al., 2009／青木、二〇一四）。また、ブランドと消費者との関係性構築プロセスについて消費者の心理モデルとして提示する研究（Schmitt, 2012）など、研究の焦点はより消費者側へとシフトしつつある。中でも、新たな価値の源泉として経験を捉える議論（Pine II and Gilmore,1999）や、経験の種類としてSENSE（感覚）、FEEL（感情）、THINK（思考）、ACT（行動）、RELATE（関係）があり、その質が消費者とブランドとの関係性・絆に影響を与えるという経験マーケティング研究（Schmitt, 1999a/1999b）は、地域ブランド研究に対して経験の意義を取り込む糸口を与えてくれる。

また、ブランド・アタッチメント（ブランドと自己を結びつけている絆の強さ）を抱いている消費者は、当該ブランドに対して肯定的な反応・態度行動を示すことが知られている。すなわち、金銭的投資による支援（高い価格での購入等）、時間的資源の投入（ＳＮＳ拡散、ブランド・コミュニティへの参加等）、社会的投資（競合ブランドからの保護、悪評からの保護等）などによりブランドとの関係を維持しようとする（Park et al., 2010／久保田、二〇一八）。これらの研究は、地域ブランドと消費者との結びつきを考察する意義と必要性を示唆する。一方、今日の地域ブランド研究は、こうした近年のマーケティング研究やブランド研究の潮流と成果が十分に反映されているとはいい難い。

第３節　人文地理学および環境心理学における場所（place）研究の意義と限界

１．人文地理学における場所（place）に関連する概念

⑴場所と人との関係性構築の鍵となる経験

一九七〇年代、厳密な実証主義に基づく計量分析による法則定立科学としての地理学を確立すべく計量革命が生じた（山野、一九七九／福田、一九九一／大城、二〇〇一／森川、二〇〇二／森川、二〇〇六／大谷、二〇一三）。これに対し、実証されるものと実感されるものは同値ではないとし、人間が係わることによって意味づけ、周囲から分節させた「場所（place）」の探求を目指したのが人文地理学者である（高野、一九九九）。人文地理学者は、それまでの地理学で用いられてきた「空間」や「地域」という言葉でなく、「場所（place）」という言葉にこだわった。その筆頭格である Yi-Fu Tuan と Edward Relph による場所の解釈を次にみる。[6]

第１章の考察でも取り上げた Tuan（1977）は、自身のアプローチ方法について、空間

と場所に対する人間の感情を理解し、さまざまな形態の経験（感覚的運動的経験、触覚的経験、視覚的経験、概念的経験）を考慮に入れつつ、空間と場所を複雑な感情の心象として理解しようとするものだと述べる。「空間」は、「場所」よりも抽象性を帯びており、我々がそれをもっとよく知り、それに価値を与えていくにつれて次第に場所になっていくと述べる。そのために、「経験」というものを重視する。経験とは、「感覚」「感情」「思考」が複合して構成され、これらを積み重ねることで人間の生きている空間が秩序化され、そこに「価値＝意味」が凝縮されると論じる（図表5-6参照）。

図表5-6　場所、経験、意味の関係

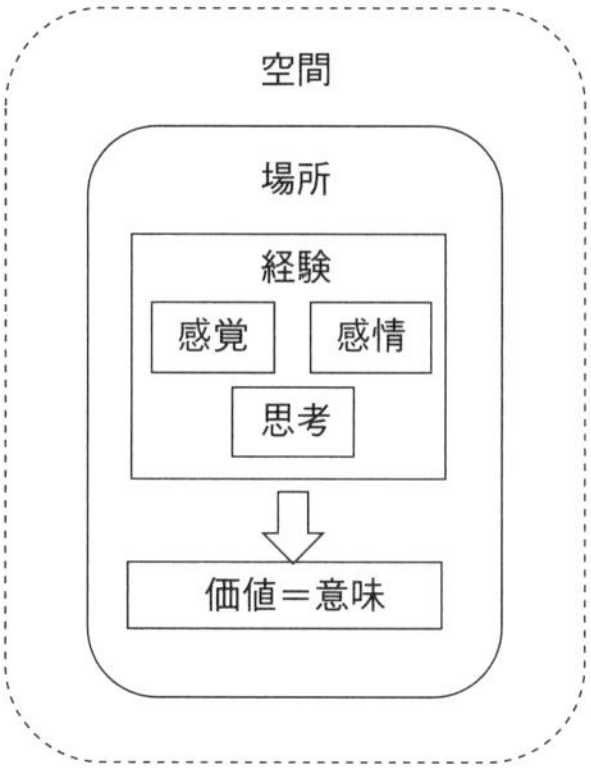

出所：Tuan（1977）より筆者作成。

Relph（1976）は、特別な出会いや体験を通じて、知覚された空間は場所あるいは個人的意味の中心になると論じる。また、場所は人間の秩序と自然の秩序の融合体であり、私たちが直接経験する世界の意義深い中心であり、それは抽象的な物や概念ではなく、生きられる世界の直接に経験された現象であると述べる。その場所における「静的物質的要素

（自然環境、人工物）」と、意図をもった「人間の諸活動」による経験を通じて「意味」が形成されるとし、それを「場所のアイデンティティ」と呼んだ。

(2) 場所への愛着

Tuan（1974）は、人々と場所あるいは環境との間の情緒的な結びつきについて、「トポフィリア（topophilia、場所愛）」という造語を用いる。また、場所への愛着ができるためには時間が必要であるが、経験の質と強さの方が重要であると述べる（Tuan, 1977）。

Relph（1976）は、「センス・オブ・プレイス（sense of place、場所感覚）」という言葉を用いて、場所との深い結びつきについて論じる。ただし、場所感覚という用語には、最も狭い意味では異なる場所やそのアイデンティティを識別する能力、単なる方向を識別する能力、異なる場所のアイデンティティに対して感情移入的に対応する能力というように「能力」であると捉える一方、人間存在や個人のアイデンティティの基礎としての場所との深い結びつきにいたるまで、幅広い意識の持ち方が存在すると論じる。

このように、Tuan（1974）とRelph（1976）は、「場所への愛着」という表現は用いていないものの、人々と場所との結びつきを意味する概念に注目している。

⑶人文地理学における「場所」研究の意義と限界

地理学の計量革命に対抗し、場所（place）概念に注目した Tuan（1974/1977）および Relph（1976）であるが、そこには意義と限界がある。両者ともに、客観的な空間ではなく、人間が積極的に関わりもつ意味の中心として場所として位置づけ、そこで形成される意味（価値）と、そのための経験の重要性について論じたこと、また経験を通じて生まれる人と場所との間の深いつながりを意味する場所への愛着（topophilia, sense of place）の概念について論じたことには意義がある。一方、経験の具体的内容について論じていない点、また場所愛着についても概念が曖昧な点に限界があるといえよう。

2. 環境心理学におけるプレイス・アタッチメント（place attachment）の概念

⑴環境心理学におけるプレイス・アタッチメントの概念と次元構造

環境心理学[7]では、先に示した人文地理学における場所への愛着の議論を引き継ぎ、「プレイス・アタッチメント（place attachment）」の概念を発展させた。この定義にはさまざまあるが、「個人と場所との間の感情的な絆」（Low and Altman, 1992）や「個人と特定の場所との間の肯定的で感情的な結びつき」（Hidalgo and Hernández, 2001）などが代表的である（園田、二〇〇二／小西・野沢、二〇一四）。

このプレイス・アタッチメントは、具体的にどのように理解すべきだろうか。先行研究においては、それを一次元の非階層構造として考えるものか、複数の上位概念または下位概念に分解した階層構造として捉えるものなど分析目的と対象によりさまざまである。

Williams and Vaske（2003）は、Williams and Roggenbuck（1989）に基づき米国における四か所の森林保養地に対する愛着に関する実証分析を行い、プレイス・アタッチメントが「場所依存性（place dependence）」と「場所同一性（place identity）」の二次元の下位構造から説明できると論じる。これら二つは以下のように定義される。

まず、「場所依存性（place dependence）」とは、その場所が提供する機能的な側面への愛着を捉えるものであり、個人にとって特定の目標や望ましい活動を支援する物理的特徴や条件を備えているかという観点から、その場所の重要性を捉えるものである。例えば、農村共同体の構成員にとっては共有地において採取できる燃料用木材があるかどうか、ロック・クライミングをする人にとってはアクセスしやすいようなルートが整備されているかどうか、河川でカヤックを行う人にとっては急流ポイントがあるかどうかなどの条件を備えていることが重要となる。

次に、「場所同一性（place identity）」とは、個人とその場所との感情的な愛着を捉えるものであり、自身の生きる意味や目的を与えてくれるといった感情を抱ける場所かどうかという観点から、その場所の象徴的な重要性を捉えるものである。例えば、その場所が自分自身と一体化していると感じたり、自分自身の一部と感じたりするなど自身の存在意義と深く結びついた場所かどうかという点が重視される。

なお、Kyle et al.（2003）や西本（二〇一三）らもWilliams and Roggenbuck（1989）が構築した測定項目を修正して用いるなど、Williamsらの成果はその後のプレイス・アタッチメントに関する先行研究で引用されており、二次元の下位構造モデルの有力な根拠となっている（田口、二〇一六）。

⑵プレイス・アタッチメントの概念構造の体系化

Scannell and Gifford（2010）は、プレイス・アタッチメントに関する概念を用いた多様なアプローチが展開される先行研究を整理し、それらを統合的に捉える三次元フレームワークモデルを提示した。同フレームワークでは、プレイス・アタッチメントが「人（person）」、「心理的プロセス（psychological process）」、「場所（place）」の三次元の概念から構成されていると論じる。第一に、「人（person）」の次元とは、場所に愛着を感じる人々の特性のことであり、個人か集団か、あるいは人種・出身地・性別・宗教等の違いに着目する研究群がある。第二に、「心理的プロセス（psychological process）」の次元とは、人々と場所との心理的相互作用の特性に関わるものであり、感情面（肯定的か否定的か）、認知面（記憶、信念、知識、スキーマ、価値、意味、好み等）、行動面（近接維持行動、宗教的巡礼、場所の復元等）に着目する研究群である。第三に、「場所（place）」の次元とは、人々が愛着を感じる場所の特性に関するものであり、場所の物理的特性（家屋・通り・建築物等の人工環境、湖・公園・森林等の自然環境）、社会的特性（近隣との親密さ、近所付き合い、その他の社会的相互作用の促進）などに着目する研究群である。

また、プレイス・アタッチメントには、(a)安全・安心感の提供（食料、水、避難所など人々の必要資源を供給）、(b)目標達成支援と自己調整（内省、問題解決、ストレス解消等）、(c)連続性の認識（文化的・宗教的出来事のつながり、過去の自分と現在の自分の連続性等）、(d)その他（人々の帰属意識の生成、主体性の向上、自尊心の強化等）などの効果があると整理している。その上で、プレイス・アタッチメント研究は、これら三次元の概念を組み合わせることにより、さらに多様な展開が期待できると指摘する。

(3) 環境心理学におけるプレイス・アタッチメント研究の意義と限界

環境心理学におけるプレイス・アタッチメント研究は、それが個人と場所との感情的な絆を示すものであり、また場所依存性（place dependence）と場所同一性（place identity）という二つの概念により表現しうることを実証したことに意義がある。

また、多様なプレイス・アタッチメント研究が、人（person）、心理的プロセス（psycho-logical process）、場所（place）の三次元モデルにより体系的に整理され、それらが数量的手法、現象学的手法を用いた研究の発展可能性を示したことにおいて意義がある。

一方、環境心理学におけるプレイス・アタッチメント研究は、人文地理学が示した場所への愛着を生み出すそもそもの原因やプロセスとなる「経験」の内容や評価との関係性にまでは十分に踏み込めていない。

第４節　観光心理学における観光旅行者の経験評価に関する研究の意義と限界

１．観光心理学における経験評価の枠組み

(1)観光心理学における基礎欲求―旅行動機―旅行経験の枠組み

観光心理学は、観光旅行者の行動や心理について扱う。一般に観光旅行者は「旅行の実施前（欲求、動機、意思決定）→実施中（旅行経験）→実施後（経験評価）」というプロセスにおいてさまざまな経験をする（佐々木、二〇〇〇／佐々木、二〇〇七）。観光心理学では、これらのプロセスに対して、個人と社会的環境との相互作用（家族・友人・知人など旅行の同行者、訪問地でのさまざまな人々との交流等）に着目する社会心理学と、移動中や訪問地においてモノや時間を消費する旅行者の行動と心理に着目する消費心理学の双方からアプローチする（佐々木、二〇〇七）。経験は消費者が出くわすさまざまな場面で発生し、その対象物に対して感覚的・感情的・認知的・行動的・関係的価値を提供する（Schmitt, 1999b）。このため、観光地における旅行者の経験評価を行う観光心理学の知見は、場所

図表5-7　基礎的欲求―旅行動機―旅行経験の関係

次　元	基礎的欲求	旅行動機	旅行経験
低　次	生理的欲求	緊張緩和	緊張解消行動
↑	安全・安定欲求	娯楽追求	娯楽追求行動
	社会的欲求	関係強化	関係強化行動
↓	自尊欲求	知識増進	知識増進行動
高　次	自己実現欲求	自己拡大	自己拡大行動

出所：佐々木（2000）をもとに筆者作成。

（地域）における消費者の経験評価の手法を求める地域ブランド研究に示唆を与えることが期待できる。

そこで、佐々木（二〇〇〇／二〇〇七）に依拠して、観光心理学における分析の概念枠組みの特性について整理してみたい。Pearce（1988）を初めとする複数の先行研究を比較検討した佐々木（二〇〇〇）は、旅行動機が五つに集約・類型化できること、またそれがMaslowの欲求五段階説に対応して低次から高次に段階的に区分できることを示した。さらに、旅行動機が旅行経験と対応して表現できる可能性について論じる（**図表5-7**参照）。

これら五つの活動・経験について以下のように定義している。(a)緊張解消行動とは、日常の仕事や生活から生じるプレッシャーや責任から一時的に逃避してリラックスする行動で、わずらわしい人間関係から逃れたり、のんびり観光したり、休養・保養・健康回復を意図する行動である。(b)娯楽追求行動とは、レクリエーションや楽しみを求める行動で、娯楽、ロマンス、スポーツ、芸術、趣味、小さな冒険、挑戦などが含まれる。(c)関係強化行動とは、友人・知人を訪問する、家族や親戚縁者とのつながりを強める、祖先のルーツを探る、新しい人々と知己になるなど、社会的な人間関係を拡大したり強化したりする行動である。(d)知識増進行動とは、歴史・自然・文化・宗教・経済・産業などの諸側面で訪問先の社会や人々の生活について、理解を深める行動や新しい知識を得るための行動である。(e)自己拡大行動とは、自己発見や自己評価につながる行動、自信や自尊の感情を生み出す行動、高い地位・意向・特権などを味わうための行動を指し、旅行後にその行動経験を誇示したり吹聴したりすることも含む。

(2)旅行経験評価項目の拡張

林（二〇一三）は、先行研究を踏まえ、旅行者の経験を測定するためには、機能的側面と情緒的側面とを弁別して捉える必要があると論じた。機能的評価とは、「新しい知識を得た」「気分転換ができた」「視野が広がった」など実施した旅行の価値や効用を認知的な側面から捉えたものであり、情緒的評価とは、「楽しかった」「リラックスできた」「ドキ

図表 5-8　旅行経験評価の７項目

Pearce（1988）	佐々木（2000）	林（2013）	
		観光動機	旅行経験評価
健康回復	緊張解消	健康回復	健康回復
新奇体験	娯楽追求	刺激性・意外性	新奇体験
関係強化	関係強化	—	関係強化
		現地交流	関係形成
知識獲得	知識増進	文化見聞	知識獲得
		自然体感	自然満喫
自己拡大	自己拡大	自己拡大	自己省察

出所：林（2013）を参考に作成。

ドキした」などに観光地での気分や感情などの情緒体験をもとに旅行の価値や効用を捉えた内容のことであると述べる。その後、両者を分離した自身の計測結果を踏まえ、旅行者の情緒的評価がもとになって機能的評価が形成されると捉え直し、両者を統合した評価が必要であると論じる。

そこで、旅行の経験評価が観光の目的や動機がどの程度達成されているかによって規定されるという点を確認しながら、また先行研究であるPearce（1988）および佐々木（二〇〇〇）が整理した五項目との整合性があることも示しつつ、旅行経験評価に関する七項目を提示した（図表5-8参照）。五項目と七項目の相違は、佐々木（二〇〇〇）の「関係強化」を「（同行者との）関係強化」と「（現地で出会った人との）関係形成」に二分したこと、また佐々木

（二〇〇〇）の「知識増進」を「（旅行先の歴史や文化の学習に伴う）知識獲得」と「（旅行先で自然と接したことにまつわる）自然満喫」に二分したことの二点にある。

(3) コンテンツ・ツーリズム研究および関連研究にみる旅行経験評価の再拡張

本書の「第1章　アニメツーリズムの街づくり――とある自治体の地域振興」においても論じてきたように、今日、映画、ドラマ、アニメ等の映像コンテンツが関わったコンテンツ・ツーリズムが注目されつつある。しかし、前述した旅行経験評価には、アニメ聖地巡礼やテーマパークなどの虚構世界を訪れる際の経験評価が含まれていない。

コンテンツ・ツーリズム研究には、聖地巡礼の成り立ちに関する研究、聖地巡礼をもとにしたまちおこしに関する研究、聖地巡礼者の旅行行動に関する研究など多様である（増淵、二〇〇九／岡本、二〇一〇／岡本、二〇一二）。そこで、これらの中で聖地巡礼者の旅行行動に関する研究に注目し、旅行経験評価の更なる拡張の可能性について探ってみたい。

楠見・米田（二〇一八）は、聖地巡礼研究において、人が作品舞台を訪れる時に、どのような行動をして、何を感じているかといった心理学的研究は多くはないと指摘する。その上で、物語世界への「没入（immersion）」という概念に着目し、旅行者の物語への没入感に、旅行者の個人差特性、訪問時の感情がどのように影響するのかについて調査を行った結果、懐かしさポジティブ傾向（昔を思い出して幸福な気持ちを感じる）と想像性傾向（登場人物に自分を置きかえる）の高い人は、旅における既知感による懐かしさや感動を喚起して、作品への没入感を深めることを明らかにした。

なお、「没入」とは、Miall & Kuiken（1995）が提示した文学反応（Literary Response）に基づいている。これは、物語を読む際の読者の体験を多面的に測定する尺度のことであり、この下位尺度の一つに虚構世界へ入り込む傾向を把握する尺度である「物語世界への没入（物語情景の鮮明なイメージ化や登場人物との同一化、共感）」という概念がある。また、これに類似した概念として、消費者が広告や小説に没頭した状態を意味する「移入（transportation）」（小山内・岡田、二〇一一／小山内・楠見、二〇一六）や、物語に入り込んで登場人物と同様の感情を抱くといった「共感（sympathy, empathy）」（Escalas and Stern, 2003）という概念もあり、近年におけるマーケティング研究においては物語広告の説得効果を論じる際の概念としても活用されつつある（小森、二〇一二／福田、二〇一五／福田・深海、二〇一六）。

これら「没入」「移入」「共感」などの概念を援用することにより、コンテンツ・ツーリズムにおける「疑似体験」も取り入れた旅行者の経験価値の評価が期待できる。

2. 観光心理学における「経験―プレイス・アタッチメント―反応・態度行動」の関係性に関する分析事例

近年の観光心理学においては、場所での「経験―プレイス・アタッチメント―反応・態度行動」の関係性に関する研究成果が登場しつつある。以下では、直近年における分析事例の概要を紹介する。

Zhang et al.（2019）は、マカオにおける祭りでの共創経験（踊り手や参加者との交流）に対する満足度、祭りの満足度、プレイス・アタッチメント（対マカオ）、祭りへの反応・態度行動の四者の関係性について分析した。この結果、祭りでの共創経験に満足すると、祭りの満足度が高まり、それが祭りへの反応・態度行動（他者への推奨、自身の再訪意向等）につながることを明らかにした。同時に、祭りでの共創経験に満足すると、プレイス・アタッチメントのうち場所依存性を高め、それが祭りへの反応・態度行動につながる一方、祭りでの共創経験への満足度が高まると場所同一性を高めるが、それは祭りへの反応・態度行動にはつながらないことを示した。ただし、ここでいうマカオにおける祭りでの共創経験とは、踊り手との共創（踊り手とのやり取りを快適に感じたか否か、踊り手と効果的に交流することが出来たか否か）、参加者との共創（他の参加者との交流を快適に感じたか否か、他の参加者と効果的に交流することが出来たか否か）である。つまり、共創（co-creation）という言葉を用いているが、その内容は具体性に欠ける。

3．観光心理学における旅行者の経験研究の意義と限界

観光心理学では、旅行者の経験について研究が蓄積されてきた。本章の目的と照合した場合のこれらの意義と限界について以下のように整理できよう。

第一に、我が国では佐々木（二〇〇〇／二〇〇七）およびそれを発展させた林（二〇一三）などの貢献により、旅行者の経験行動評価のための七項目が提示されたことに意義がある。これらはあくまでも観光地という場所に限定されているが、その場所の特性を考慮しつつ、同項目を加筆・修正することで、さらなる展開の可能性が示唆されたといえる。

第二に、近年注目されるコンテンツ・ツーリズム研究およびマーケティング分野における物語広告の説得効果に関する研究といった成果により、アニメ聖地巡礼やテーマパークなど虚構世界における疑似体験に関する経験評価への適用なども期待できる。

第三に、近年の海外における研究成果により、プレイス・アタッチメントと反応・態度行動（他者推奨や自身の再訪意図が高まること等）との関係性が具体的に実証されたことも意義がある。ただし、経験評価項目は抽象度が高いままである。

第５節　地域ブランド研究に残された課題と解明の概念フレーム

１．地域ブランド研究に残された課題の総括的整理

これまで、国内外における地域ブランド研究、人文地理学および環境心理学における場所研究、観光心理学における観光旅行者の経験・心理研究と大きく三つの領域をサーベイし、その意義と限界についてみてきた。そこで、それぞれの領域における意義と限界について総括しつつ、今日の地域ブランド研究に残された課題について整理してみたい。

第一に、国内外における地域ブランド研究についてである。今日の地域ブランド研究は、研究対象が一般の製品・サービスだけでなく、地域（場所）へと拡張されている事情から、主として企業ベースで議論が進展してきたブランド・アイデンティティ論やブランド・エクイティ論などに依拠しつつ、当該地域ブランドの競争優位性を確立するために、

価値提供者としての地域側のステークホルダーがいかに一致団結して取り組むかという供給者側（地域側）の視点に留まっている。一方、今日のマーケティングやブランド研究の焦点は、消費者側にシフトしつつある。具体的には、ブランドの経験価値、ブランド・リレーションシップ、ブランド・アタッチメント、消費者を含むステークホルダーの相互作用によるブランド価値共創などブランドと消費者との間の関係性のあり方などである。これらは、地域ブランド研究にも大きな示唆を与えると考えられるが、十分に取り込めていない。

第二に、人文地理学および環境心理学における場所研究についてである。まず人文地理学においては、人間が積極的に関わりもつ意味の中心として場所として位置づけ、そこに意味形成における経験の重要性について論じたことや、経験を通じて生まれる場所への愛着（topophlia, sense of place）の概念について言及したことには意義がある。一方、経験の具体的内容や場所への愛着の概念が曖昧な点に限界があるといえよう。また、環境心理学では、人文地理学にて提示された概念をプレイス・アタッチメント（place attachment）として発展させるとともに、それが場所依存性（place dependence）と場所同一性（place identity）という二つの概念により表現しうることを実証したことに意義がある。さらに、多様な問題意識から拡張されているプレイス・アタッチメント研究を体系的に整理し、それらが数量的手法、現象学的手法を用いた研究の発展可能性を示したことにおいて意義がある。一方、プレイス・アタッチメントを形成するための前段階における「経験」の内容や評価との関係性にまでは踏み込めていない点に限界があるといえよう。

第三に、観光心理学における観光旅行者の経験・心理研究についてである。観光心理学では、旅行者の経験行動評価のための七項目が提示され、またコンテンツ・ツーリズム研究における旅行者の心理面への研究（特に疑似体験の経験評価）も深まりをみせつつあることから、さらなる展開の可能性が示唆されたといえる。また、近年の海外における研究成果により、プレイス・アタッチメントとその効果との関係性が明らかにされたことも意義がある。すなわち、プレイス・アタッチメントとその後の消費者の反応・行動（他者推奨や自身の再訪意図が高まること）との関係性が具体的に実証されたことである。

以上の総括的整理を踏まえ、今日における地域ブランド研究の現状を概念的に図示した（**図表5-9**）。すなわち、地域ブランド研究に残された課題として、今日のマーケティング研究やブランド研究の成果である経験価値やブランドとの関係性（ブランド・リレーションシップ、ブランド・アタッチメント）を踏まえつつ消費者側（需要側）に焦点を当ててい

図表 5-9　今日の地域ブランド研究の現状

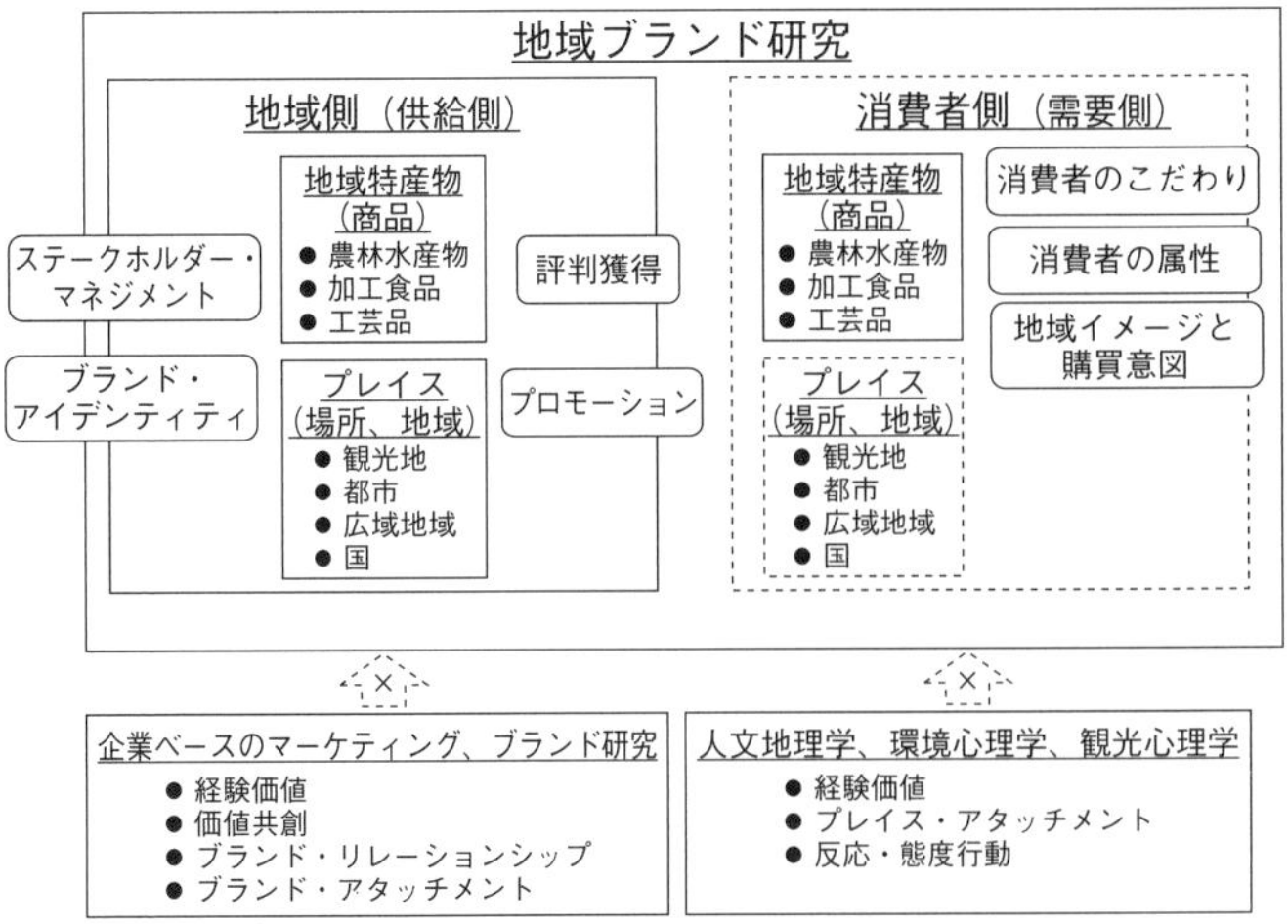

出所：筆者作成。
注1：図中において点線で囲まれた領域は，あまり着手されていないことを意味する。
注2：図中において×印を付した矢印は，それらの研究領域の成果が取り込まれていないことを意味する。

く方向性が必要である点が指摘できる。その際に、ブランドの付与対象が商品だけでなくプレイス（場所）であることを踏まえ、人文地理学、環境心理学、観光心理学で取り組まれてきた経験、プレイス・アタッチメント、反応・態度行動に関する研究蓄積を積極的に援用していくことが期待される。

図表 5-10　経験と場所のブランディングモデルの概念フレーム

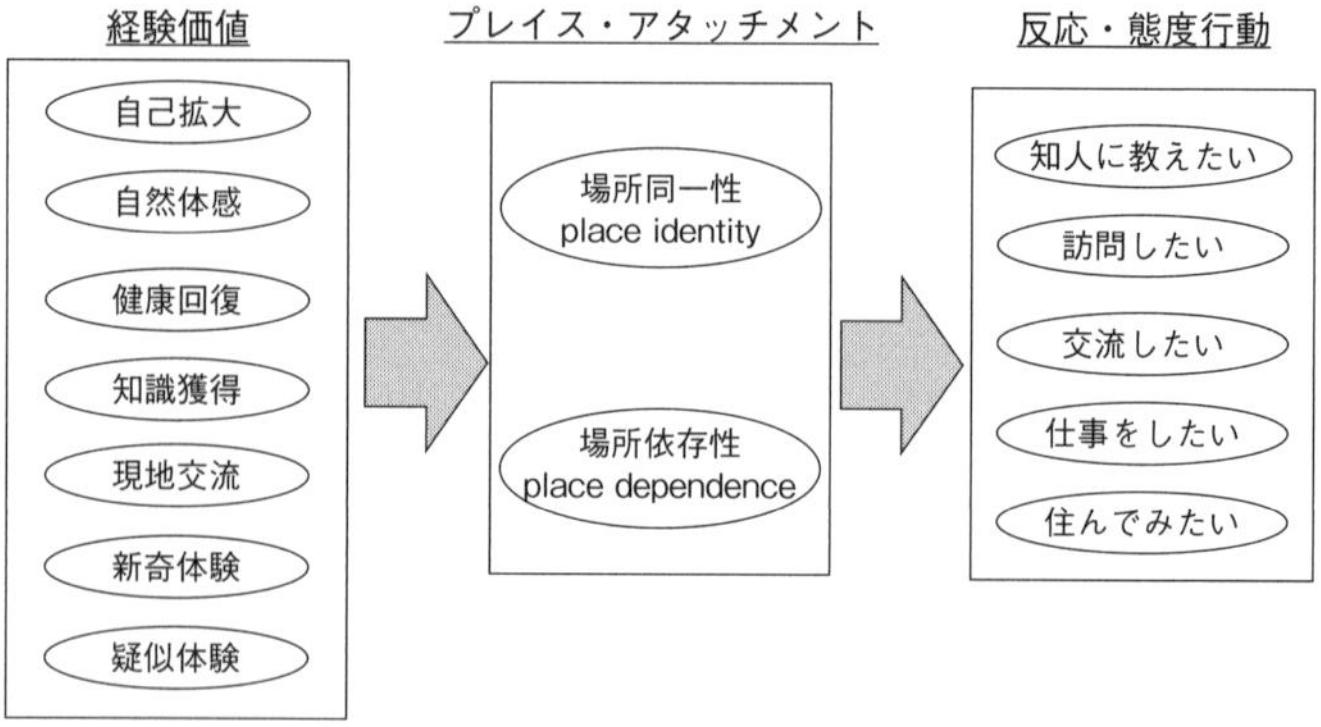

出所：筆者作成。

2. 経験と場所のブランディングモデルに関する概念フレームと観測変数

(1)経験と場所のブランディングモデルの概念フレーム

今日の地域ブランド研究に残された課題を踏まえ、地域（場所）における経験価値、プレイス・アタッチメント、反応・態度行動の三者の関係性を示すモデルを構築するための概念フレームを提示する（図表5-10）。本書では、このモデルを「経験と場所のブランディングモデル」と名付ける。以下では、同モデルの三つの構成概念について述べる。

一つめの「経験価値」とは、消費者が特定の地域（場所）における経験に対する評価である。これらには、観光心理学において構築された七つの経験評価項目およびコンテンツ・ツーリズムの疑似体験評価を援用することができる。ただし、地域（場所）の特性に応じて、評価項目に修正を加えることが必要と考えられる。

二つめの「プレイス・アタッチメント」とは、消費者と特定の地域（場所）との間の感情的なつながり・絆を意味する。これは、消費者が特定の地域（場所）における経験を踏まえて形成されるものと考えられ、環境心理学におけるプレイス・アタッチメントの研究成果を援用し、場所同一性（place identity）と場所依存性（place dependence）の二要素とする。

三つめの「反応・態度行動」とは、金銭的投資による支援（高い価格での購入等）、時間的資源の投入（ＳＮＳ拡散、ブランド・コミュニティへの参加等）、社会的投資（競合ブランドからの保護、悪評からの保護等）など、その地域（場所）に対して消費者（旅行者）がとる肯定的な反応や行動のことである。

⑵ 観測変数

経験と場所のブランディングモデルを実証研究として測定するためには、以上三つの構成概念を説明する尺度として観測変数を設計する必要がある。

①経験価値の観測変数

経験価値の観測変数は、Pearce（1988）、佐々木（二〇〇〇）、林・藤原（二〇一二）、林（二〇一三）などの先行研究を参考としつつ、中でも林・藤原（二〇一二）において因子負荷量が〇・五以下のものを除いた七つとした（図表5-11参照）。なお、林・藤原（二〇一二）には同行者との関係強化を意味する「関係構築」という下位概念があるが、本書の意図を勘案して除外した。一方、コンテンツ・ツーリズムにおける経験価値評価を行うために、Miall & Kuiken（1995）、Escalas and Stern（2003）、福田・深海（二〇一六）などの研究成果を参考に「擬似体験」を追加した。

具体的には、次のような(a)〜(g)の七つである。(a)自己拡大とは、自己内省や自己成長につながる経験への評価である。(b)自然体感とは、訪問先で自然と接したことに起因する経験への評価である。(c)健康回復とは、心身の疲労回復につながる経験への評価である。(d)知識獲得とは、訪問先の文化や歴史についての学習に関する経験への評価である。(e)現地交流とは、訪問先で出会った人々と交流することで築けた関係性に関する経験への評価である。(f)新奇体験とは、訪問先で受けた自身への刺激や、それによる変化に関する経験への評価である。(g)疑似体験とは、アニメなどコンテンツの虚構世界へ入り込む際の経験に

図表 5-11　経験価値の観測変数

構成概念	観測変数	参考文献
自己拡大	自分自身を見つめ直す機会になった	Pearce（1988）、佐々木（2000）、林・藤原（2012）、林（2013）
	自分の生き方や考え方について考えることができた	
	自分の新たな一面を発見できた	
自然体感	自然を満喫できた	
	きれいな空気や水を吸収できた	
	自然を身近に感じることができた	
健康回復	日ごろの疲れを癒せた	
	十分に休養できた	
	気分的にリフレッシュできた	
	心にゆとりができた	
知識獲得	訪問先の文化について理解を深めた	
	本物の文化を肌で感じた	
	訪問先の歴史について学んだ	
現地交流	訪問地域の人たちと仲良くなることができた	
	当地の同じファンの人たちと出会うことができた	
	普段の生活では出会えない人たちと交流できた	
新奇体験	この場所でしかできない経験ができた	
	新しいことに挑戦することができた	
	単調な生活から抜け出すことができた	
疑似体験	ゆかりの作品に登場する人物（キャラクター）と自分を重ねることができた	Miall & Kuiken（1995）、Escalas and Stern（2003）、福田・深海（2016）
	ゆかりの作品舞台から作品内容を思いだした	
	虚構（架空）の作品世界に浸ることができた	

出所：筆者作成。

図表5-12　プレイス・アタッチメントの観測変数

構成概念	観測変数	参考文献
場所同一性 (place identity)	ここは私そのものである	Williams and Roggenbuck (1989)、Williams and Vaske (2003)、Kyle et al. (2003)、西本 (2013)
	ここと比較できるほどいい場所はないと思う	
	ここは私にとって人生の一部のように思う	
	ここに対して私はとても愛着を感じている	
場所依存性 (place dependence)	ここを観光するときに体験できることは、その他の土地ではできないと思う	
	ここは私にとって一番の観光地だと思う	
	ここを観光することで得られる体験は他の土地を観光することで得られる体験よりも重要だと思う	

出所：筆者作成。

対する評価である。

②プレイス・アタッチメントの観測変数

プレイス・アタッチメントの観測変数は、Williams and Roggenbuck（1989）、Williams and Vaske（2003）、Kyle et al.（2003）などの先行研究の成果を踏まえ、これらが個人とその場所との感情的な愛着を捉える「場所同一性（place identity）」と、その場所が提供する機能的な側面への愛着を捉える「場所依存性（place dependence）」との二次元構造からなる点を参考に作成した（**図表5-12**参照）。なお、西本（二〇一三）の成果も踏まえつつ、英語の観測変数を日本語に翻訳する際に、日本の文脈に照らして意味が極めて曖昧になるものは除き、「場所同一性（place identity）」は四つの変数、「場所依存性（place dependence）」

は三つの変数を決めた。

③反応・態度行動の観測変数

反応・態度行動の観測変数は、特定の地域（場所）を訪れた消費者がその後にとる反応・態度行動を購買後の行動として捉えた。消費者行動理論やサービス・マーケティングの研究から、リピート購買に当たる「（またこの地域を）訪問したい」「（またこの地域の人々と）交流したい」が挙げられる。さらには、その地域（場所）と深い関係性が築けた暁には、「（その地域で）働いてみたい」「住んでみたい」という思いへと昇華する可能性もある。他方、満足した経験を肯定的な情報として家族・知人・知人に伝える行動があり、とりわけ近年ではTwitterやFacebook、ＬＩＮＥなどのＳＮＳ（Social Networking System）を利用した気軽な書き込みやつぶやきにつながる。これらを踏まえ、五つの変数を設定した。

以上を踏まえ、次章で東京都多摩地域を対象とした具体的なプレイス（場所）を設定して、この経験と場所のブランディングモデルを質問紙調査のデータを用いて測定する。

注

（１）先行研究を踏まえると、ブランドは、①ロゴ（名前、シンボル、デザインなど商品を同定し、差別化し、品質を保証するもの）、②法的手段（商標として偽造を防止するもの）、③企業（認知できる企業名やイメージで、ステークホルダーに一貫したメッセージを届けるもの）、④簡易表現（素早くブランド連想を想起させ、情報処理を促進するもの）、⑤リスク低減（消費者の期待がみたされるもの、約束）、⑥アイデンティティ・システム（ブランド名だけでなく、ポジショニングなどの要素を統合し、ステークホルダーなどへの明確な方向性を示すもの）、⑦顧客の心の中のイメージ（消費者の心の中にあるブランドの真実であり、常に管理され、更新し続けるもの）、⑧価値システム（消費者の価値に見合ったもの）、⑨パーソナリティ（消費者が認知する心理的な価値であり、差別化をし、付加価値となるもの）、⑩リレーションシップ（消費者のブランドへの態度や関係性）、⑪付加価値（非機能的な主観的意味であり、価格プレミアムを要求するもの）⑫進化しつづけるもの（ブランドの発展に伴い変化するもの）のように、一二種類の意味で用いられている。詳細は、Maurya and Mishra（2012）、田中（二〇一七）などを参照されたい。

（２）地域ブランド研究において、消費者に焦点をあてた研究は、どのくらいあるのだろうか。参考までに、日本の論文データベース CiNii（https://ci.nii.ac.jp/）を用いて、地域ブランドと消費者の双方をキーワードで検索した結果、全体で一六四七件中五八件と三パーセント程度を占めるのみである。

（３）プレイス・ブランディング研究が本格化する以前より、プレイスに関するブランド・イメージに関する研究は開始されていた。例えば、一九六〇年代より、ある製品の製造国（原産国）に対する一般的イメージが消費者の製品評価時に与える影響研究（Product-Country Image研究、Country of Origin研究）が開始され、また一九七〇年代より、観光地のイメージが消費者の旅行先決定に与える影響研究（Tourism Destination Image研究）が始まった（伊藤、二〇〇九／電通abic project編、二〇一八）。また、Kotler et al. (1993) は、町、市、地域、国に活力を与えることを目指し、戦略的プレイス・マーケティング（Strategic Place Marketing）について論じている。

（4）Palgrave Macmillan社のPlace Branding and Public Diplomacy誌（https://www.palgrave.com/gp/journal/41254）

（5）Hanna and Rowley (2008) は、Place, Location, Destination, Country, Nation, City, Regionなどの用語が研究者の間でどのように使用されているかについて明らかにした。二〇〇〇年以降に一一種類の学術誌に掲載された五九論文を対象に分析した。この結果、「ブランディングおよびビジネス」分野の中では、Place（二六パーセント）、Location（二一パーセント）、Nation（一七パーセント）、Country（一四パーセント）、Destination（一〇パーセント）、Region（七パーセント）、City（五パーセント）という比率で用いられ、「観光分野」の中では、Destination（九四パーセント）が圧倒的に多く、Location（三パーセント）、City（三パーセント）なども使われていた。さらに、ここから、Placeおよび関連用語の使い方について将来的に合意する必要があると主張する。

（6）心理学では、思考・行動の中で全体との関連をもちながらも取り出して考察の対象とすることのできる構成部分のことを「分節」という用語を用いる（小学館『精選版 日本国語大辞典』）。

（7）環境心理学とは、政治学、経済学、社会学、心理学、地理学等の学際領域であり、環境知覚、環境ストレス、労働環境、学習環境、居住環境、自然環境など人間と環境との関係性を人間の心理学的側面を中心に研究する領域のことである（太田、二〇一三）。

参考文献

Aaker, D. A.（1995）*Building Strong Brands*, The Free Press A Division of Simon & Schuster Inc.（陶山計介・梅本春夫・小林哲・石垣智徳訳『ブランド優位の戦略―顧客を創造するＢＩの開発と実践―』ダイヤモンド社、一九九七年）

――（2014）*Aaker on Branding: 20 Principles That Drive Success*, Morgan James Publishing.（阿久津聡訳『ブランド論：無形の差別化をつくる20の基本原則』ダイヤモンド社、二〇一四年）

Allen, C. T., Fournier, S. & Miller, F.（2008）“Brands and Their Meaning Makers,” in *Handbook of Consumer Psychology*, Eds., Haugtvedt, C. P., Herr, P. M. and Kardes F. R., Lawrence Erlbaum Associates Inc., 781–821.

Anholt, S.（2005）Some Important Distinctions In Place branding, *Place Branding and Public Diplomacy*, 1(2), 116–121.

――（2007）*Competitive Identity: The New Brand Management for Nations, Cities and Regions*, Palgrave Macmillan, Basingstoke.

――（2010）Definitions of place branding–Working towards a resolution, *Place Branding and Public Diplomacy*, 6(1), 1–10.

Baker, B. (2007) *Destination Branding for Small Cities: The Essentials for Successful Place Branding*, Creative Leap Books, Portland, Oregon USA.

Balakrishnan, M. (2009) Strategic Branding of Destinations: A Framework, *European Journal of Marketing*, 43(5-6), 611-629.

Boisen, M., Terlouw, K., Groote, P. & Couwenberg, O. (2018) Reframing place promotion, place marketing, and place branding-moving beyond conceptual confusion, *Cities*, 80, 4-11.

Cai, L. (2002) Cooperative branding for rural destinations, *Annals of Tourism Research*, 29(3), 720-742.

Cozmiuc, C. (2011) City branding-just a compilation of marketable assets?, *Economy Transdisciplinarity Cognition*, XIV(1), 428-436.

Escalas, J. E. & Stern, B. B. (2003) Sympathy and Empathy-Emotional Responses to Advertising Dramas, *Journal of Consumer Research*, 29(4), 566-578.

Fan, Y. (2010) Branding the Nation: Towards a better understanding, *Place Branding and Public Diplomacy*, 6(2), 97-103.

Gaggiotti, H., Cheng, P. & Yunak, O. (2008) City brand management (CBM): The case of Kazakhstan, *Place Branding and Public Diplomacy*, 4(2), 115-123.

Hankinson, G. (2004) Relational network brands: Towards a conceptual model of place brands, *Journal of Vacation Marketing*, 10(2), 109-121.

——(2007) The management of destination brands: Five guiding principles based on recent developments in corporate branding theory, *Journal of Brand Management*, 14(3), 240-254.

Hanna, S. & Rowley, J. (2008) An analysis of terminology use in place branding, *Place Branding and Public Diplomacy*, 4(1), 61-75.

—— & Rowley, J. (2011) Towards a strategic place brand-management model, *Journal of Marketing Management*, 27(5-6), 458-476.

—— & Rowley, J. (2013) A practitioner-led strategic place brand-management model, *Journal of Marketing Management*, 29(15-16), 1782-1815.

Hidalgo, M. C. & Hernández, B. (2001) Place Attachment: Conceptual and Empirical Questions, *Journal of Environmental Psychology*, 21(3), 273-281.

Kavaratzis, M. (2004) From city marketing to city branding: Towards a theoretical framework for developing city brands, *Place Branding*, 1, 58-73.

——(2009) Cities and their brands: Lessons from corporate brandings, *Place Branding and Public Diplomacy*, 5(1), 26-37.

—— & Hatch, M. J. (2013) The dynamics of place brands: An identity-based approach to place branding theory, *Marketing Theory*, 13(1), 69-86.

Keller, K. L. (2013) *Strategic Brand Management: Building, Measuring, and Managing Brand Equity, Fourth Edition*, Pearson.（恩蔵直人監訳『エッセンシャル：戦略的ブランド・マネジメント（第４

版)』東急エージェンシー、二〇一五年)

Kotler, P., Haider, D. D. & Rein, I. (1993) *Marketing Places*, The Free Press.

——& Keller, K. L. (2006) *Marketing Management, 12th Edition*, Pearson Education. Inc. (恩蔵直人監修・月形真紀訳『コトラー&ケラーのマーケティング・マネジメント(第12版)』丸善出版、二〇一四年)

Kyle, G. T., Absher, J. D. & Graefe, A. R. (2003) The Moderating Role of Place Attachment on the Relationship Between Attitudes Toward Fees and Spending Preferences, *Leisure Sciences*, 25(1), 33-50.

Loureiro, S. M. C. & Sarmento, E. M. (2019) Place attachment and tourist engagement of major visitor attractions in Lisbon, *Tourism and Hospitality Research*, 19(3), 368-381.

Low, S. M. & I. Altman (1992) "Place Attachment: A Conceptual Inquiry," in I. Altman and S. Low eds., *Place Attachment*, 1-12, Springer.

Maurya, U. K. & P. Mishra (2012) What is a brand? A Perspective on Brand Meaning, *European Journal of Business and Management*, 4(3), 122-123.

Miall, D. S. & Kuiken, D. (1995) Aspects of literary response: A new questionnaire, *Research in the Teaching of English*, 29(1), 37-58.

Merz, M. A., Yi He & S. L. Vargo (2009) The Evolving Brand Logic: A Service-Dominant Logic Perspective, *Journal of the Academy of Marketing Science*, 37(3), 328-344.

Moilanen, T. & Rainisto, S.（2009）*How to Brand Nations, Cities and Destinations: A Planning Book for Place Branding*, Basingstoke, Palgrave Macmillan.

Park, C. W., Deborah J. M., Joseph P., Andreas B. E. & Dawn I.（2010）"Brand Attachment and Brand Attitude Strength: Conceptual and Empirical Differentiation of Two Critical Brand Equity Drivers," *Journal of Marketing*, 74(6), 1-17.

Pearce, P. L.（1988）*The Ulysses Factor: Evaluating Visitors in Tourist Settings*, Springer-Verlag.

Pine II, B. J. & J. H. Gilmore（1999）*The Experience Economy: Work is Theater & Every Business a Stage*, Harvard Business School Press.（岡本慶一・小高尚子訳『「新訳」経験経済：脱コモディティ化のマーケティング戦略』ダイヤモンド社、二〇〇五年）

Relph, E.（1976）*Place and Placelessness*, London, Pion Limited.（高野岳彦・石山美也子・阿部隆訳『場所の現象学―没場所性を越えて』ちくま学芸文庫、一九九九年）

Scannell, L. & Gifford, R.（2010）Defining place attachment A tripartite organizing framework, *Journal of Environmental Psychology*, 30(1), 1-10.

Schmitt, B. H.（1999a）Experiential Marketing, *Journal of Marketing Management*, 15(1-3), 53-67.

——（1999b）*Experiential Marketing: How to Get Customers to Sense, Feel, Think, Act, and Relate to Your Company and Brands*, Free Press.

——（2012）The consumer psychology of brands, *Journal of Consumer Psychology*, 22(1), 7-17.

Tuan, Y.（1974）*TOPOPHILIA: A Study of Environmental Perception, Attitudes, and Values*, Prentice-Hall, Englewood Cliffs, New Jersey.（小野有五・阿部一訳『トポフィリア―人間と環境』せりか書房、一九九二年）

――(1977) *Space and Place: The Perspective of Experience*, University of Minnesota Press.（山本浩訳『空間の経験：身体から都市へ』ちくま学芸文庫、一九九三年）

Williams, D. R. & J. W. Roggenbuck (1989) *Measuring Place Attachment: Some Preliminary Results*, in Abstracts of the 1989 Symposium on Leisure Research, National Recreation and Park Association, 32.

―― & M. E. Patterson (1999) *Environmental Psychology: Mapping Landscape Meanings for Ecosystem Management*, in Integrating Social Sciences and Ecosystem Management: Human Dimensions in Assessment, Policy and Management, eds. H. K. Cordell and J. C. Bergstrom, Sagamore Press, 141-160.

―― & J. J. Vaske (2003) The Measurement of Place Attachment: Validity and Generalizability of a Psychometric Approach, *Forest Science*, 49(6), 830-840.

Zenker, S. & Braun, E. (2010) *The place brand centre-A conceptual approach for the brand management of places*, Paper presented at 39th European Marketing Academy Conference, Copenhagen, Denmark.

―― & Braun, E. (2017) Questioning a "one size fits all" city brand: Developing a branded house strategy for place brand management, *Journal of Place Management and Development*, 10(3), 270-287.

Zhang, C. X., Lawrence, H. N. F. & Lic, S. N. (2019) Co-creation experience and place attachment: Festival evaluation, *International Journal of Hospitality Management*, 81, 193-204.

青木幸弘（二〇〇八）「地域ブランドを地域活性化の切り札に」『ていくおふ』ＡＮＡ総合研究所、第一二四号、一八-二五頁。

――（二〇一四）「消費者行動研究における最近の展開―新たな研究の方向性と可能性を考える―」『流通研究』第一六巻第二号、三-一七頁。

――・恩蔵直人編（二〇〇七）『製品・ブランド戦略』有斐閣アルマ。

青谷実知代（二〇一〇）「地域ブランドにおける消費者行動と今後の課題」『農林業問題研究』第一七七号、三四三-三五二頁。

伊藤裕一（二〇〇九）「プレイス・ブランディング研究のレビューと今後の課題」『早稲田大学商学研究科紀要』第六九号、二四九-二六三。

岩永洋平（二〇一九）「地方の味方は誰か：地域商品ブランドを積極的に選ぶ消費者像の把握」『地域イノベーション』法政大学地域研究センター、第一一号、三-一六頁。

内田純一（二〇〇四）「地域ブランドの形成と展開をどう考えるか：観光マーケティングの視点を中心に」『大学院国際広報メディア研究科言語文化部紀要』北海道大学言語文化部、第四七号、二七-四五頁。

大城直樹（二〇〇二）「『場所の力』の理解へむけて―方法論的整理の試み―」『南太平洋海域調査研究報告』第三五号、三-一二頁。

太田裕彦（二〇一三）「環境心理学とは―視点と方法論を中心に―」『環境心理学研究』第一巻第一号、

四-一一頁。

大谷華（二〇一三）「場所と個人の情動的なつながり―場所愛着、場所アイデンティティ、場所感覚―」『環境心理学研究』第一巻第一号、五八-六七頁。

岡本健（二〇一〇）「アニメ聖地巡礼の特徴と研究動向―既往研究および調査の整理を通して」『CATS叢書　次世代まちおこしとツーリズム：鷲宮町・幸手市に見る商店街振興の未来』第四巻、九一-一〇九頁。

――（二〇一一）「交流の回路としての観光―アニメ聖地巡礼から考える情報社会の旅行コミュニケーション―」『人工知能学会誌』第二六巻第三号、二五六-二六三頁。

小山内秀和・岡田斉（二〇一一）「物語理解に伴う主観的体験を測定する尺度（LRQ-J）の作成」『心理学研究』第八二巻第二号、一六七-一七四頁。

――・楠見孝（二〇一六）「物語への移入尺度日本語版の作成と信頼性および妥当性の検討」『パーソナリティ研究』第二五巻第一号、五〇-六一頁。

楠見孝・米田英嗣（二〇一八）「『聖地巡礼』行動と作品への没入感：アニメ、ドラマ、映画、小説の比較調査」『コンテンツツーリズム学会論文集』第五号、二-一一頁。

久保田進彦（二〇〇四）「地域ブランドのマネジメント」『流通情報』四一八号、四-一八頁。

――（二〇一三）「ブランド・リレーションシップの段階的形成と特徴的効果」『消費者行動研究』第一九巻第二号、一〇九-一三八頁。

――（二〇一七）「ブランド・リレーションシップのプロパティ・パートナー・モデル」『流通研究』第

二〇巻第二号、一七-三五頁。

――（二〇一八）「自己とブランドの結びつき」『青山経営論集』第五二巻第四号、二一-四六頁。

経済産業省（二〇〇四）『知的財産戦略本部・コンテンツ専門調査会　第1回日本ブランド・ワーキンググループ資料　ファッションビジネス、地域ブランド』平成一六年一一月二四日。

小西啓史・野沢久美子（二〇一四）「大学生の場所愛着に関する一考察（2）」『武蔵野大学人間科学研究所年報』第三号、一五-二二頁。

小林哲（二〇一六）『地域ブランディングの論理―食文化資源を活用した地域多様性の創出』有斐閣。

小森めぐみ（二〇一二）「物語への移入が物語関連製品への広告評価に及ぼす影響―小説と映像を用いた検討―」『武蔵野大学人間科学研究所年報』第一号、七九-九〇頁。

佐々木土師二（二〇〇〇）『旅行者行動の心理学』関西大学出版部。

――（二〇〇七）『観光旅行の心理学』北大路書房。

園田美保（二〇〇二）「住区への愛着に関する文献研究」『九州大学心理学研究』第三号、一八七-一九六頁。

田口誠（二〇一六）「場所としての自然概念に関する研究の展開」『成蹊大学経済学部論集』第四七巻第二号、一八七-二〇九頁。

田中洋（二〇一七）『ブランド戦略論』有斐閣。

田村正紀（二〇一一）『ブランドの誕生―地域ブランド化実現への道筋』千倉書房。

高野岳彦（一九九九）「訳者あとがき―人間主義地理学とエドワード・レルフ」エドワード・レルフ著、

高野岳彦・石山美也子・阿部隆訳（一九九九）『場所の現象学―没場所性を越えて』ちくま学芸文庫、所収。

電通 abic project 編・和田充夫・菅野佐織・徳山美津恵・長尾雅信・若林宏保（二〇〇九）『地域ブランド・マネジメント』有斐閣。

――・若林宏保・徳山美津恵・長尾雅信（二〇一八）『プレイス・ブランディング』有斐閣。

西本章宏（二〇一三）「プレイス・アタッチメント概念による地域ブランド・マネジメントの可能性（2）『小樽』観光マーケティングにおける地域ブランド価値の役割」『商學討究』第六三巻第四号、六五-八一頁。

朴宰佑・大平修司・大瀬良伸（二〇〇七）「ブランドにおける地域イメージの効果とブランド・コミュニケーションに関する研究」『（財）吉田秀雄記念事業団 平成一九年度・第四一次助成研究論文』、一四一-一五一頁。

橋本真実・久保雅義（二〇一七）「消費者属性と購買活動の違いから見る地域産品ブランドに関する研究」『日本デザイン学会研究発表大会概要集』第六四巻第〇号、三〇四-三〇五頁。

林靖人（二〇〇九）「消費者の関与が地域ブランド評価に与える影響―地域ブランド効果のメカニズム」『地域ブランド研究』第五号、五三-八七頁。

林幸史（二〇一三）『観光旅行者の行動過程についての社会心理学的研究』関西学院大学、博士学位論文。

――・藤原武弘（二〇一二）「観光地での経験評価が旅行満足に与える影響：観光動機と旅行経験の観点から」『関西学院大学社会学部紀要』第一一四号、一九九-二一二頁。

福田珠己（一九九一）「場所の経験：林芙美子『放浪記』を中心として」『人文地理』第四三巻第三号、六九-八一頁。

福田怜生（二〇一五）「広告への移入が説得効果に及ぼす影響―移入の構成要素としての注意、想像、共感に着目して―」『マーケティングジャーナル』第三四巻第四号、一七三-一八四頁。

――・深海牧子（二〇一六）「フードサービス産業における物語広告がブランド価値に及ぼす影響」『日本フードサービス学会年報』第二一号、二〇-三五頁。

増淵敏之（二〇〇九）「コンテンツツーリズムとその現状」『地域イノベーション』法政大学地域研究センター、第一巻、三三-四〇頁。

森川洋（二〇〇二）「ドイツ語圏人文地理学における現代社会の認識と地域概念」『地理学評論』第七五巻第六号、四二一-四四二頁。

――（二〇〇六）「テリトリーおよびテリトリー性と地域的アイデンティティに関する研究」『人文地理』第五八巻第二号、一四五-一六五頁。

矢野経済研究所（二〇一四）『平成25年度経済産業省委託調査報告書　地域ブランディングとそれに関連する地域づくりのあり方に関する調査』。

山野正彦（一九七九）「空間構造の人文主義的解読法―今日の人文地理学の視角―」『人文地理』第三一巻第一号、四六-六八頁。


（大森　寛文）

第6章 モデルの測定

第1節　モデル変数と調査概要

1. モデル変数の尺度

本章では、前章の地域ブランディングに関する理論研究とそのレビューから導いた観光者行動の経験価値（experience value）と、場所（place）の愛着を意味する「プレイス・アタッチメント（place attachment）」の概念を潜在変数として取り入れた「経験と場所のブランディングモデル」について、実証研究に基づく測定を行う。基本的な仮説は、ユーザーが観光地を来訪した際に感じる経験価値がプレイス・アタッチメントに影響を与え、肯定的な反応・態度を示す行動をとる、という因果関係である（図表5-10）。ユーザーは、観光地を訪れて、どのような経験価値を感じるのか。どのような経験価値がプレイス・アタッチメントの形成に影響を与えるのか。そしてプレイス・アタッチメントは肯定的な反応・態度行動に結びつくのか。といった問いに実証研究で答える。

(1)経験価値の測定尺度（図表5-11）

前章で検討したとおり、経験価値について「自己拡大」「自然体感」「健康回復」「知識獲得」「現地交流」「新奇体験」の六つの構成概念について、林・藤原（二〇一二）の同様の因子抽出の分析結果の検討から、それぞれの因子分析（プロマックス回転）で因子負荷量が〇・五〇以下の観測変数を除いてワーディングを構成した。「疑似体験」については、同じく前章でレビューした文学反応と物語広告の説得効果の研究から、三つの観測変数にまとめる。

(2)プレイス・アタッチメントの測定尺度（図表5-12）

場所への愛着を意味するプレイス・アタッチメントの構成概念についても、前章で環境心理学の研究から提案された二次元構造の概念の測定尺度を参考にして、プレイス・アイデンティティ（場所同一性）として四つの観測変数を、プレイス・ディペンデンス（場所依存性）を三つの観測変数から測定する。

(3)反応・態度行動に関する測定尺度

観光地を訪れたユーザーがその後にとる反応・態度行動を購買後の満足として考えてみる。まず、消費者行動理論やサービス・マーケティングの研究から、リピート購買に当たる「またここに訪問したい」が挙げられるだろう。リピート利用は肯定的な態度行動として代表的な反応である。次に良い口コミがある。満足した経験をプラスの情報として知人に伝える行動であり、現代ではSNSを利用した気軽な書き込みやつぶやきになる。さらに観光地をリピートして訪れる理由に、訪問地域の人たち、商店や施設の関係者との交流を再び求めることが挙げられるだろう。このほかにも、リピート訪問の動機には「この地域で働いてみたい」という関係人口や「住んでみたい」という居住人口の形成につながる要因もあるだろう。本章の調査では東京都多摩地域の日帰り観光地に対する関東在住の消費者に質問する計画なので「仕事してみたい」「住んでみたい」は外すことにする。

以上の観測変数は、「あてはまる」から「あてはまらない」まで五段階スケール尺度として測定する。

2．調査の概要

このモデルを測定するため、関東一都七県に在住する消費者から、インターネット調査会社（楽天インサイト）のモニターを対象に、東京都多摩地域にある四つの観光地を来訪した経験のある人、合計二〇〇〇名を抽出した。八王子市の高尾山（N＝1,577）、日野市の高幡不動尊（N＝742）、多摩市のテーマパーク、サンリオピューロランド（N＝992）、立川市の立川アニメ聖地（N＝500）、の四か所である（図表6-1）。これらの観光地来訪者を対象に、先に設定した観測変数の尺度となる質問項目（五段階スケール）と、来訪回数、来訪する同行者人数などを質問紙調査の形式で聴取した。二〇一九年八月九日に配信、一六日に回収を完了した。それぞれのサンプルには重複があり、高尾山の来訪経験者が全体の七八・九パーセント、サンリオピューロランドが四九・六パーセントを占めた。

図表６-１　東京都多摩地域の４観光地

二〇〇〇サンプルはすべて有効回答である。

四観光地に来訪する全体の特徴を概観すると次のとおりである。来訪した回数をみると、高尾山の「二回～五回」が五五・〇パーセント、サンリオピューロランドの同四六・四パーセントが多くを占め、リピーターの多さと高い支持率が伺える。一方で、立川アニメ聖地の来訪回数「一一回以上」一一・六パーセントは四つのうちで最も高い割合であり、コアなファンユーザーの存在や、市街地を巡る気軽な観光が理由と考えられる（図表6-2）。

四観光地に来訪する人の年齢構成をみると、ユーザーの特徴が表れている。まず、高尾山来訪者の年齢構成は、平均四八・六歳で全年齢を通じて来訪するが、特に二〇～三〇代と、六〇～七〇代の二つの層が厚く、レジャーで楽しむ若年層と、信仰で訪れ

図表6-2　観光地来訪者の来訪回数

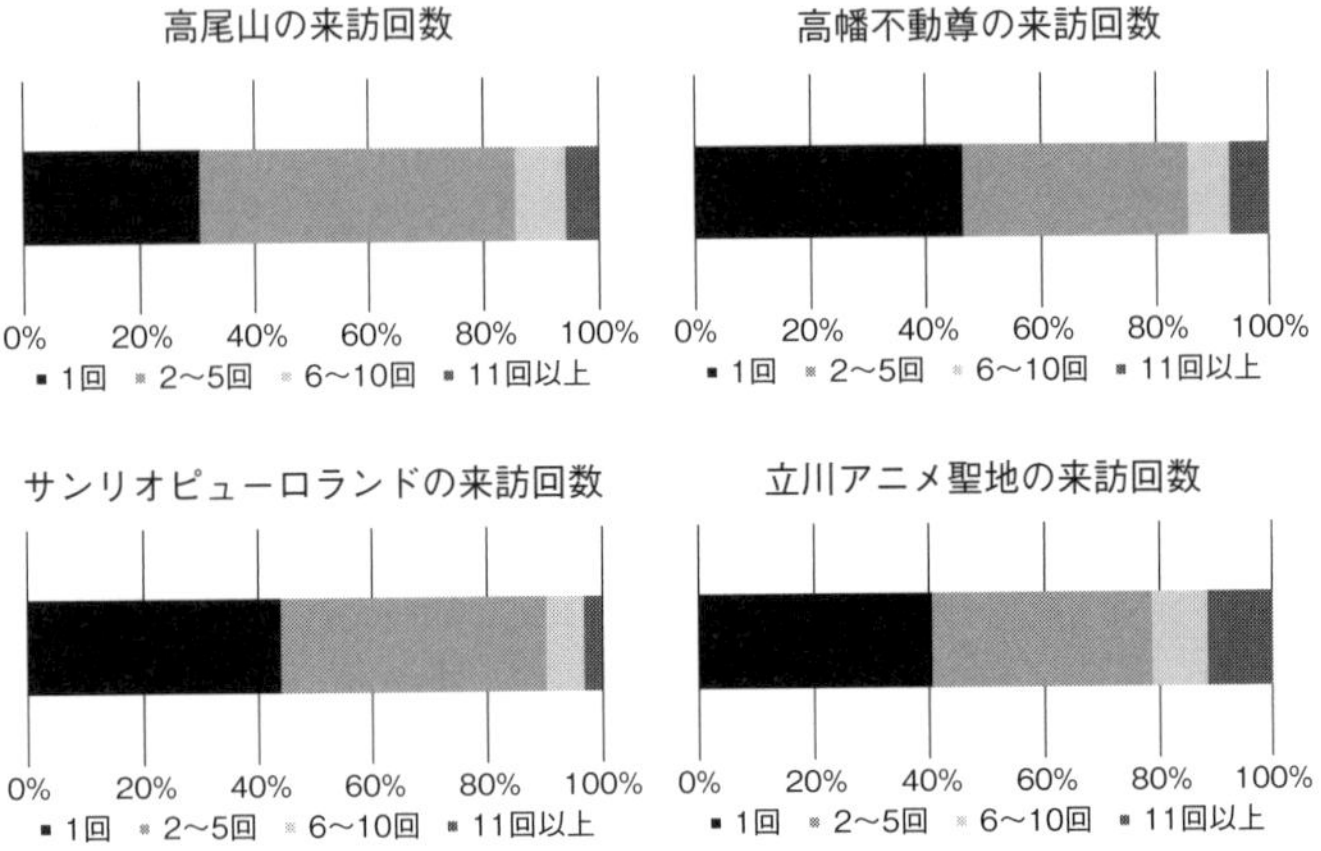

る高年層という幅広い年齢層から支持される魅力度がとても高い観光地である。高幡不動尊金剛寺は、関東三大不動尊で有名なお寺なので年間を通じて信仰や各種の歳時で訪れる観光者が多いと思われ、五〇代〜七〇代の来訪者の支持が厚い。サンリオピューロランドは、二つの層に来訪者の特性が分かれている。同じサンリオ好きでも二〇〜三〇代は若者のグループ、四〇〜六〇代はファミリー（両親や父母と子供の家族）のグループ層であることが考えられ、全年齢層が来訪する集客力の高いテーマパークである。立川アニメ聖地に来訪するのは、二〇代後半の年齢層が突出して多く、その前後に来訪者が広がっている。第1章でも取り上げたアニメ作品のファンユーザーの年齢層をそのまま反映

図表 6-3　観光地来訪者の年齢構成

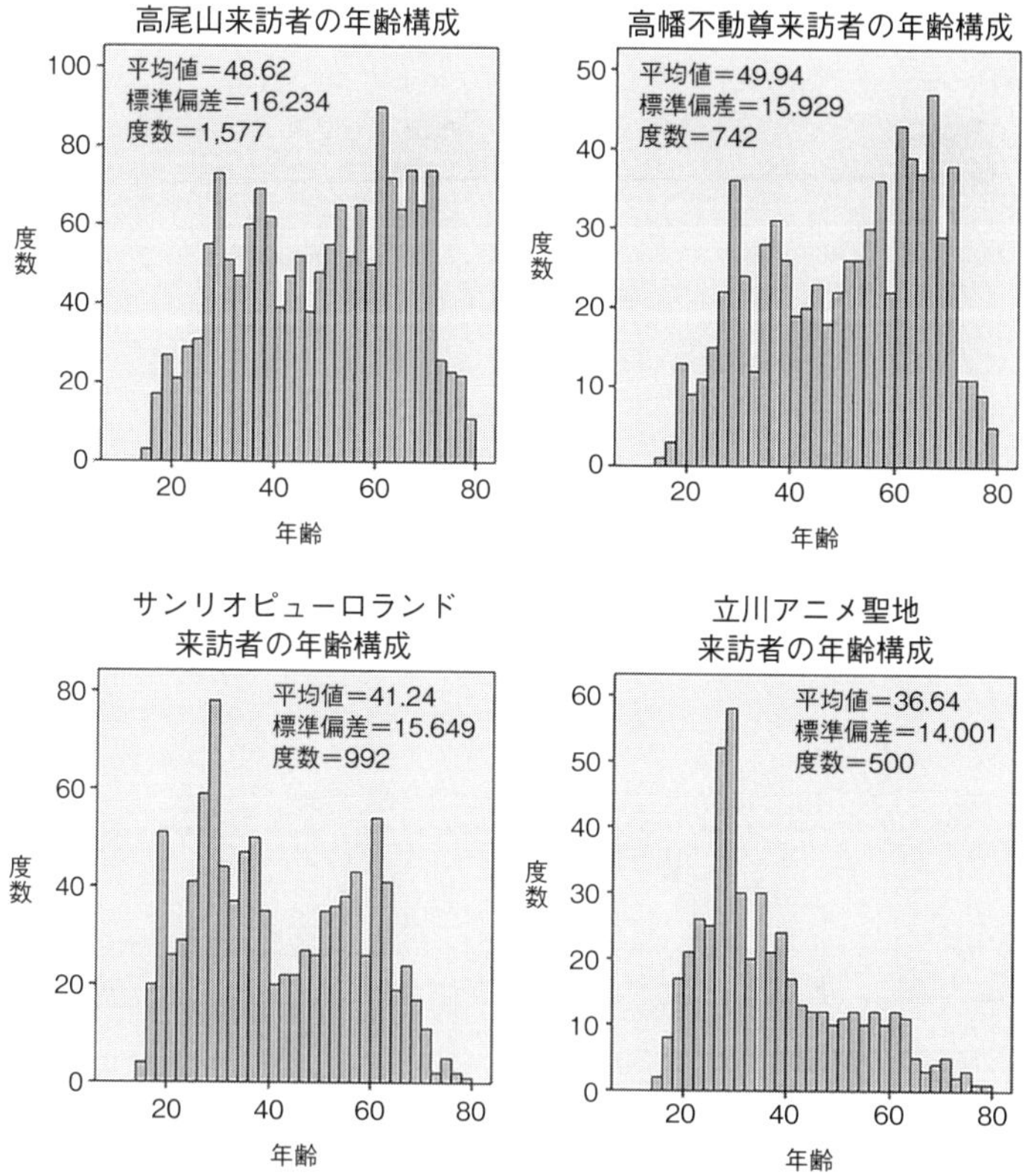

図表6-4　観光地来訪者の同行人数

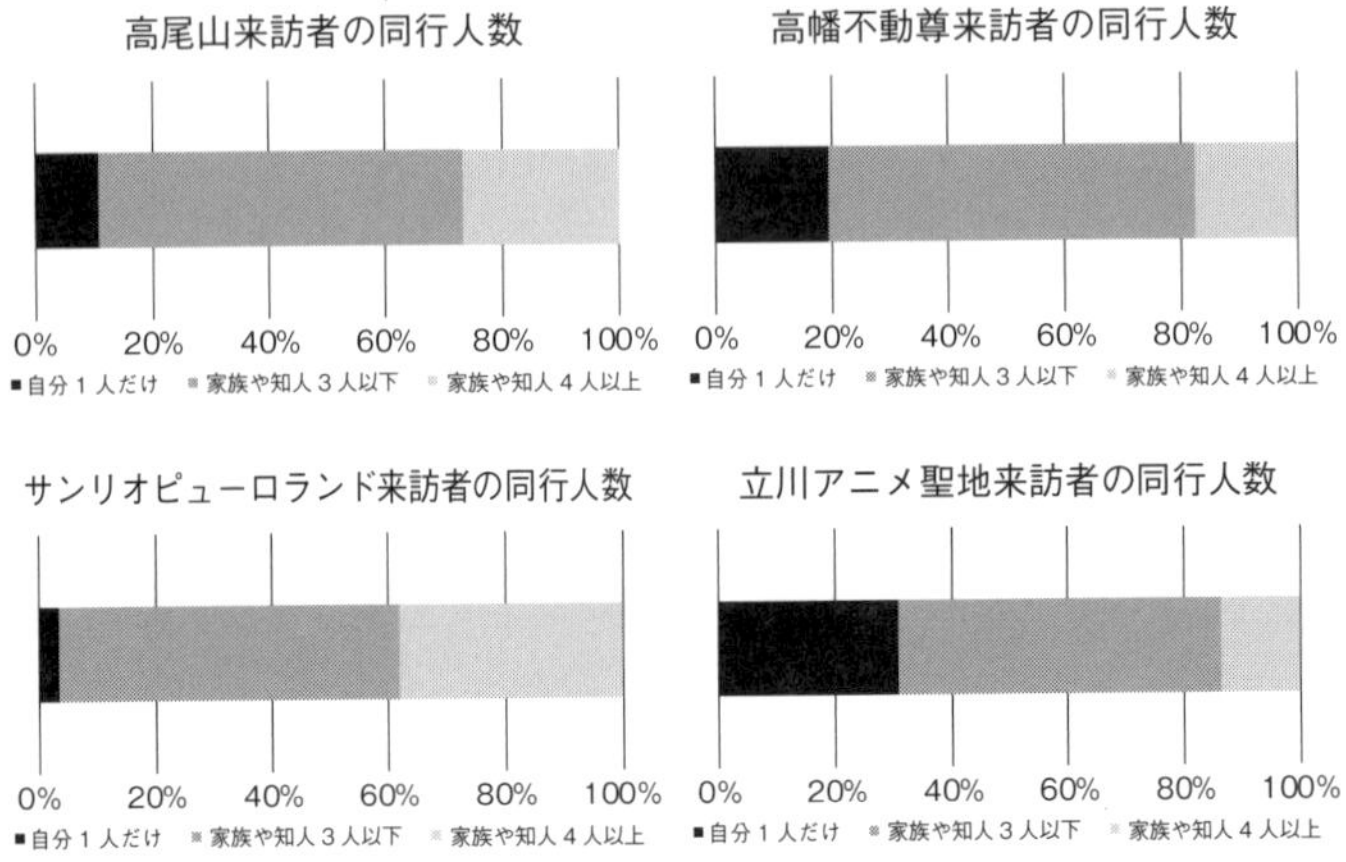

していると思われる（図表6-3）。

最後に、観光地に来訪する際の同行人数を見てみたい。高尾山と高幡不動尊の同行人数は、「家族や知人三人以下」のグループが六割を超え、ほかも五割を超える。一方、立川アニメ聖地は「自分一人だけ」が三二・〇パーセントで他と比べて最も高く、ファンユーザーのアニメ聖地巡礼が単独行動になる特徴が表れている（図表6-4）。

第２節　観光地のユーザー行動モデルの測定

１．高尾山来訪者のモデル測定

(1)モデル変数の信頼性と妥当性

以下、四観光地のユーザー行動は共通して次の手順でモデルと変数の測定と解釈を行う。まず七つの経験価値の構成概念（潜在変数）の信頼性と収束妥当性を探索的因子分析と信頼性係数（reliability coefficient）からそれぞれ調べる。[1] 次に探索的因子分析から抽出された経験価値の各因子の収束性と互いの相関を比較して弁別妥当性があるかどうか検証する。調査テストに伴うバイアス誤差についても構成概念のすべての観測変数について単一性因子検定で確認する。ここまでの作業で七つの経験価値を構成概念としてモデルに組み込めるかどうかを決め、その後は構造方程式モデリングによるパス係数の推定に進む。

高尾山来訪者の観測変数の測定結果から、まず探索的因子分析（主因子法、プロマックス回転）を行う（図表6-5）。

その結果、「疑似体験」を筆頭に「現地交流」まで七つの因子が抽出された。因子負荷

図表 6-5　高尾山モデルの経験価値　探索的因子分析

	因子負荷量						
	疑似体験	自然体感	自己拡大	知識獲得	新奇体験	健康回復	現地交流
自分見つめ直す	.007	.041	.941	-.005	-.020	.010	-.020
生き方考える	.022	-.004	.979	-.001	-.046	.004	.000
新たな自分発見	-.019	-.023	.847	.006	.089	-.002	.014
自然満喫	.023	.901	.000	.003	.015	-.022	-.029
空気や水吸収	.023	.913	.035	.010	-.039	-.015	.051
自然感じる	-.007	.926	-.001	.018	-.026	-.026	.009
疲れ癒す	.049	.103	.047	-.049	-.012	.752	-.025
十分な休養	.042	-.074	-.029	.030	-.125	.933	.051
気分リフレッシュ	-.097	.353	-.074	-.038	.133	.537	-.026
心にゆとり	-.037	.077	.051	.059	.064	.692	-.022
訪問先の文化理解	-.009	-.002	-.013	.923	.030	.003	-.042
本物の文化	.011	-.004	-.010	.925	.014	.035	-.033
歴史学ぶ	.024	.034	.025	.861	-.019	-.025	.037
地域の人と交流	.201	-.075	.051	.193	-.039	.060	.491
ファンと出会い	.289	.027	-.002	-.061	-.031	.019	.764
普段会えない人と交流	.178	.027	-.013	-.033	.108	-.025	.752
この場所だけの経験	-.016	.079	-.067	.030	.820	-.083	.055
新しい挑戦	.030	-.051	.072	.010	.883	-.104	.001
単調生活から脱却	.038	-.049	.018	-.018	.709	.181	-.019
キャラクターと自分重ねる	.964	.006	-.021	-.013	.004	.011	.017
作品舞台から回想	.999	.040	-.019	.001	.003	.001	-.034
作品世界に浸る	.837	-.034	.043	.018	.024	.005	.008

注1：因子抽出法：主因子法。

注2：回転法：Kaiser の正規化を伴うプロマックス法。

量をみると、それぞれ一つの因子に強く相関して収束している。一方、プレイス・アタッチメントに関する二つの下位概念（プレイス・アイデンティティ、プレイス・ディペンデンス）について下位尺度である七つの観測変数を同じく探索的因子分析にかけてみたところ、因子負荷量が想定した二つの構成概念に収束せず、また因子間相関も〇・八〇九と非常に高い値となった。本指標に関する先行研究を再検討する余地がありそうだが、今回の分析では単一因子に収束する可能性が高いので二因子構造の仮定を捨て、七つの観測変数のうち相関の強い五項目の観測変数を選びだし、改めてプレイス・アタッチメントという単一因子の構成概念として扱うことに決めた。以下すべての観光地モデルでも共通して用いる。

次に、モデルに使用するすべての観測変数の測定値（平均値、標準偏差）をみると、「自然体感」「健康回復」に属する変数の平均値が目立って高く、反対に「疑似体験」の値が低い。単一因子に改訂したプレイス・アタッチメントの変数の平均値はそれほど高くなく、反応・態度行動では「この場所にまた訪問したい」が高かった。来訪者の多くは自然豊かな観光地から自然を満喫し、精神的にもリフレッシュして疲れを癒すことができたのだろう（図表6-6）。

図表 6-6　高尾山モデルを構成する変数と信頼性（reliability）

潜在変数（構成概念）	観測変数（5点尺度）	平均値	標準偏差	cron-bach α	ω_3	AVE
自己拡大	自分自身を見つめ直す機会になった	2.36	1.183	0.949	0.958	0.787
	自分の生き方や考え方について考える	2.31	1.127			
	自分の新たな一面を発見できた	2.39	1.183			
自然体感	自然を満喫できた	4.01	1.029	0.925	0.888	0.768
	きれいな空気や水を吸収できた	3.93	1.027			
	自然を身近に感じることができた	4.02	0.995			
健康回復	日ごろの疲れを癒せた	3.34	1.102	0.877	0.885	0.728
	十分に休養できた	3.11	1.049			
	気分的にリフレッシュできた	3.82	1.032			
	心にゆとりができた	3.33	1.040			
知識獲得	訪問先の文化について理解を深めた	2.85	1.078	0.935	0.944	0.776
	本物の文化を肌で感じた	2.75	1.059			
	訪問先の歴史について学んだ	2.70	1.085			
現地交流	訪問地域の人たちと仲良くなれた	2.17	1.054	0.904	0.913	0.750
	同じファンの人たちと出会えた	2.09	1.101			
	普段の生活で出会えない人と交流できた	2.17	1.122			
新奇体験	この場所でしかできない経験ができた	2.95	1.201	0.858	0.867	0.712
	新しいことに挑戦することができた	2.71	1.164			
	単調な生活から抜け出すことができた	2.91	1.183			
疑似体験	ゆかりの作品に登場する人物（キャラクター）と自分を重ねることができた	2.01	1.113	0.956	0.965	0.793
	ゆかりの作品舞台から作品内容を思いだした	2.03	1.139			
	虚構（架空）の作品世界に浸ることができた	1.97	1.108			
プレイスアタッチメント	ここは私そのものである	2.01	1.052	0.944	0.953	0.784
	ここと比較できるほどいい場所はない	2.09	1.058			
	ここは私にとって人生の一部である	2.03	1.082			
	ここは私にとって一番の観光地だと思う	2.12	1.094			
	ここの観光から得られる体験は重要である	2.29	1.088			
反応・態度行動	この場所のことを知人に教えたい	2.92	1.136	0.804	0.812	0.667
	この場所にまた訪問したい	3.30	1.114			
	この場所で地域の人とまた交流したい	2.45	1.085			

次に信頼性と収束妥当性を検討する。今回の質問紙調査では複数の観測変数から潜在変数（構成概念）を想定しており、調査テストに伴う誤差（error）として、ばらつきの誤差（variability）とバイアス誤差（bias）があり、ばらつき誤差は内的一貫性が保たれているかどうかが重要になり、信頼性係数で評価・判断する（林編、二〇〇二）。信頼性係数（reliability coefficient）とは、調査の得点の分散に対する真の得点の分散比率を意味し、ここでは構成概念とその観測変数に関わる信頼性（reliability）を総合的に検討した。信頼性係数の代表的な指標である cronbach の α 係数（coefficient alpha）は、①観測変数の誤差間に相関がない、②尺度全体が一因子構造を持っている、③因子（ここでは潜在変数）からの全観測変数へのパス係数が等しい状況であるときにのみ、真の信頼性係数に等しくなる（豊田編、二〇〇七）。実際の調査テストではこの三つの制約条件をクリアする例はむしろ少ない。高尾山モデルで想定する九つすべての構成概念について α 係数を計算すると、〇・八〇四から〇・九五六までの値になり、高い収束性を示した。この係数は観測スコアの単純平均構造で計算する厳しい条件なので、これらの値は信頼性係数の下限値とみなすことができる。そこで、上の条件が成立しない状況下で推定する ω 係数（coefficient omega）が提案され、制約条件の違いから $\omega_1, \omega_2, \omega_3$ などのバリエーションがある。ω 係数は因子の分散を一に固定して推定する確認的因子分析の結果から因子負荷量と誤差の分散を使って求める指標である。三つのバリエーションのいずれも①の制約条件である誤差変数間の相関を認め、その式からω_2係数は誤差の共分散行列を、ω_3係数は観測スコアの共分散行列をそれぞれ使う特長がある。ここでは最も保守的な指標とされるω_3係数を計算したところ、すべての係数でαを上回った。最後の信頼性係数として、単純平均構造であるが確認的因子分析とその分散を使用する*AVE*（Averaged Variable Extracted：平均分散抽出）と呼ばれる指標も併せて計算した。*AVE*について、Fornell and Larcher（1981）は上の②の制約条件、つまり全観測変数が一因子の構造をもたないときに有効な収束妥当性の指標であると述べ、〇・五〇以上でα係数・ω係数以下の範囲に収束することが望ましいと推奨しており、分析結果はすべてこの範囲内に収まった。以上の信頼性係数の検討から、各観測変数がそれぞれの潜在変数（構成概念）を説明しているかどうかの評価について、Green and Yang's（2009）を参考に、α係数が〇・七〇以上を満たし、ω_3係数で真の信頼性を推定するのが望ましいとの提案をもとに、九つの構成概念の信頼性は保たれていると考えた。

そして、経験価値因子の弁別妥当性について、上の*AVE*と因子間相関から検討する。

図表6-7　因子相関行列　高尾山モデル
（右上段は相関係数、左下段は相関係数の平方）

因子	疑似体験	自然体感	自己拡大	知識獲得	新奇体験	健康回復	現地交流
疑似体験	1.000	−0.116	0.540	0.513	0.443	0.248	0.678
自然体感	−0.013	1.000	0.154	0.248	0.384	0.618	−0.014
自己拡大	0.292	0.024	1.000	0.555	0.527	0.440	0.531
知識獲得	0.263	0.062	0.308	1.000	0.525	0.520	0.545
新奇体験	0.196	0.147	0.278	0.276	1.000	0.513	0.510
健康回復	0.062	0.382	0.194	0.270	0.069	1.000	0.312
現地交流	0.460	−0.020	0.282	0.297	0.068	0.010	1.000

注1：因子抽出法：主因子法。
注2：回転法：Kaiser の正規化を伴うプロマックス法。

観光心理学の先行研究から、経験価値因子の間には相互に相関が認められる。その強さを認めた上で、それぞれの因子を説明する観測変数の収束妥当性が成立するには、因子間の相関関係が、各因子の収束を説明する *AVE* の大きさと比較して、相関関係のほうが小さいことを示す必要がある。因子間の相関行列から、それぞれの相関係数の平方値と *AVE* と比べたところ、いずれの相関係数も *AVE* を下回っていたことから、経験価値因子の弁別妥当性は一応保たれている（**図表6-7**）。

最後に、調査テストに伴うバイアス誤差とは、すべての構成概念に関して単一のサンプルから収集されていることから想定される被験者のコモン・メソッド・バイアスの可能性である。コモン・メソッド・バイアス（Common Method Biases）とは、調査テストで観測される変数の分散が、測定された構成概念の真の分散ではなく、測定された手段に起因する問題である（Podsakoff et al., 2003）。これについては、先の②の制約条件や *AVE* の条件を改めて確認することでもあるが、Harman の単一性因子検定と呼ばれる方法により事後的な確認を行った。具体的には構成概念を説明するすべての観測変数三三個に対して、主因子法による探索的因子分析を行い、一以上の固有値をもつ因子は六つ抽出された。これらの因子から説明される全観測変数の分散の割合（＝累積寄与率）は六九・二五パーセントを占め、かつ第一因子のみで説明される寄与率は二八・八四パーセントであった。よって、最も大きい固有値をもつ単一因子によって説明される寄与率は五〇パーセントを大きく下回るため、本調査におけるコモン・メソッド・バイアスの問題は深刻にはならないと判断した。

(2) 構造方程式モデリングとパスの推定

続いて、高尾山来訪者の場所と経験のブランディングモデルについて、構造方程式モデリング（共分散構造分析）によるパスの推定を行う。[2] まず、モデルの主要な適合度指標をみると、GFI＝0.843, AGFI＝0.806, CFI＝0.927, RMSEA＝0.075 を得た。GFI は 0.9 を下回るが、モデルの変数の合計が三三個を超えることから棄却せずに、このモデルを採用し（豊田、一九九八／豊田編、二〇〇七）、パス係数の解釈に進むことにする。パス図には、七つの経験価値因子間で見られる相関のパスを省略するとともに、観測変数、誤差変数の記載も省略してある。このモデルを構築するにあたり、経験価値に関する七つの構成概念を直接、プレイス・アタッチメント概念に結びつけるモデルのほかにも、それぞれの因子間相関から、上位の経験価値の二次因子を構成するモデルも検討してみたが、観光地ごとに観測変数の測定値が変わり、因子間相関も変わってくるため、統一的なモデルで比較することを優先して、シンプルなモデル構成に落ち着いた。このモデルは四つの観光地すべての測定に使用する（**図表6-8**）。

高尾山モデルでは、「知識獲得」を除く六つの経験価値がプレイス・アタッチメント（場所の愛着）に影響を与えており、うち「自然体感」はマイナスの影響だった。「健康回復」「自己拡大」「現地交流」「新奇体験」「疑似体験」が場所の愛着にプラスの影響を与え、その愛着は「また訪問したい」などの反応・態度行動へプラスに影響した。高尾山は東京都立高尾陣場自然公園と明治の森高尾国定公園に指定される山陵にあり、美しい天然林が保存されている。薬王院は古くから山岳信仰の対象となってきた。来訪者にとって、健康回

図表6-8　高尾山モデル（N=1,577）とパス係数の標準化推定値

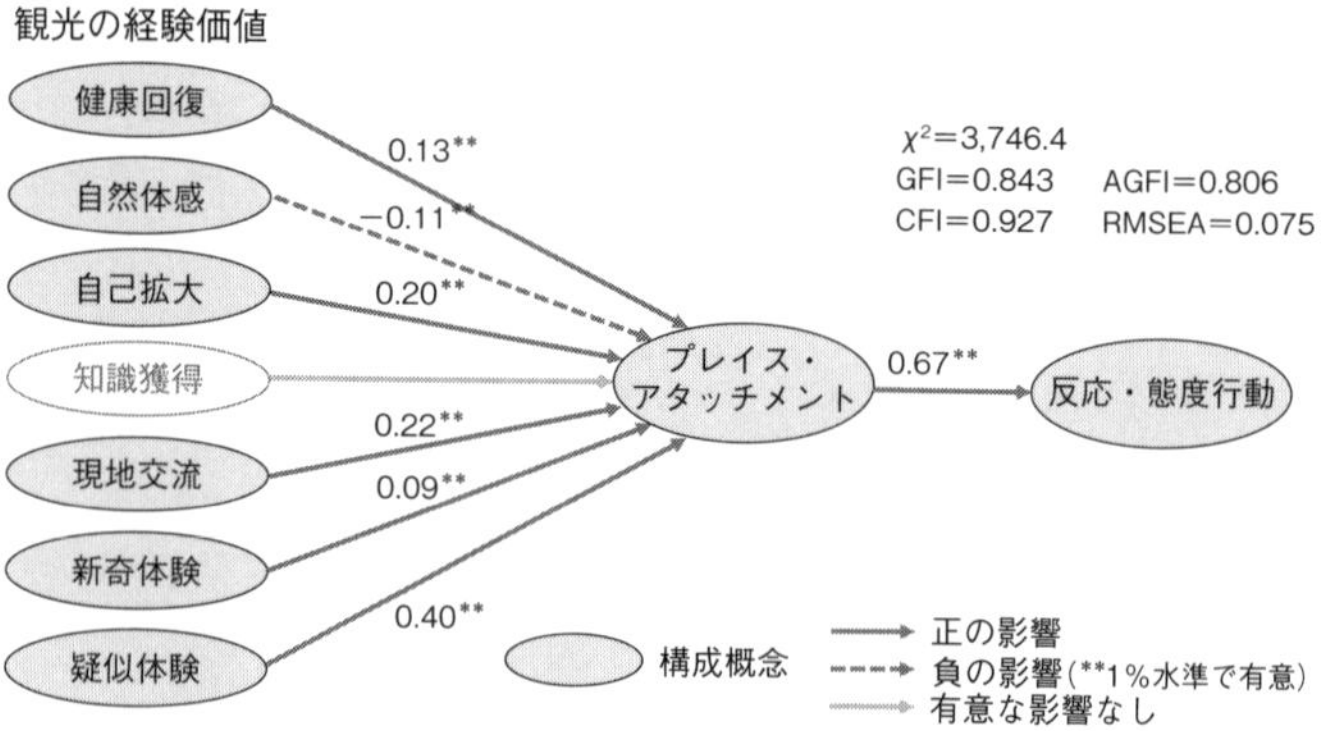

注：観測変数、誤差変数、経験価値の潜在変数間の相関については省略。

復と自己の拡大は、この場所への愛着を高める。自然が豊かに残るなかで心身ともにリフレッシュして自然を満喫すれば、その場所の愛着が高まる。また、高尾山内には巡礼の八十八大師があることから、自分自身を見つめ直し、自己の生き方について考えることも、同様に場所の愛着を高めるだろう。新しい体験や現地との交流も同様である。また、「疑似体験」も愛着に強いプラスの影響を与えている。高尾山の来訪から感じる疑似的な体験の内容は不明だが、この経験価値を構成する観測変数の平均値は他と比べても最も低い。つまり、変数のスコアが低いほど愛着の度合いを下げていると解釈することもできる。そして「自然体感」は下位尺度の変数スコアが最も高いにもかかわらず、この場所への愛着を下げるように影響を与えていた。

プレイス・アタッチメントは反応・態度行動へ強くプラスに影響している。愛着の下位尺度の変数スコアは高くないが、この場所の愛着が高まると、来訪者は再訪問意向を高めたり、知人に伝えたりする。

2. 高幡不動尊来訪者のモデル測定

(1) モデル変数の信頼性と妥当性

日野市にある高幡不動尊は、真言宗智山派別格本山、高幡山明王院金剛寺として古来から関東三大不動の一つに挙げられ、不動明王の巨像が安置されている。一一〇〇年前の平安時代初期に慈覚大師円仁が、清和天皇の勅願によって当地を東関鎮護の霊場と定めて山中に不動堂を建立して、不動明王を安置したことに始まる（高幡不動尊金剛寺ホームページより）。近年では新選組副長・土方歳三の菩提寺で知られ、奥の大日堂には隊士の大位牌もある。

さて、高幡不動尊来訪者の観測変数の測定結果から、まず探索的因子分析（主因子法、プロマックス回転）を実行して七つの経験価値が抽出できるか見たところ、「疑似体験」因子が収束しなかったため、これに関連する三つの観測変数を除いて六つの構成概念を想定して再分析を行った。

その結果、現地交流から新奇体験まで六つの因子を抽出できた（図表6-9）。いずれの経験価値の因子負荷量もそれぞれ一つの因子に強く相関して収束しているのがわかる。プレイス・アタッチメントの構成概念については五つの観測変数を用いて単一因子の構成概念として扱った。

モデルに使用したすべての観測変数の測定値（平均値、標準偏差）をみると、「知識獲得」「健康回復」に属する変数の平均値が高く、反対に「現地交流」の値が低い。単一因子に改訂したプレイス・アタッチメントの変数の平均値はそれほど高くなく、反応・態度行動では「この場所にまた訪問したい」が高かった。来訪者の平均年齢は四九・九歳と高く、来訪目的として健康回復の祈願をしたり、不動尊の歴史的な知識を得たりする経験をする人が多いと考えられる。

次に、高尾山モデルと同様の手順で信頼性と収束妥当性を検討した。高幡不動尊モデルで想定する八つすべての構成概念についてα係数を計算すると、〇・八四四から〇・九六四までの値をとり、高い収束性を示した。この係数は観測スコアの単純平均構造で計算する

図表 6-9　高幡不動尊モデルの経験価値　探索的因子分析

	因子負荷量					
	現地交流	自然体感	知識獲得	自己拡大	健康回復	新奇体験
自分見つめ直す	-.027	-.036	.008	.931	.026	-.003
生き方考える	-.013	-.013	-.004	1.047	-.015	-.060
新たな自分発見	.092	.068	.021	.706	-.027	.111
自然満喫	-.038	.888	.011	.016	.018	.019
空気や水吸収	-.030	.922	.010	.019	.010	-.007
自然感じる	.036	.981	.029	-.055	-.020	-.029
疲れ癒す	.047	.272	-.061	.060	.581	.038
十分な休養	.089	.147	-.081	.032	.727	.019
気分リフレッシュ	-.100	.004	.063	-.065	.904	-.026
心にゆとり	.013	-.074	.098	.029	.857	-.023
訪問先の文化理解	-.002	-.010	.878	-.003	.053	.013
本物の文化	-.017	.020	.823	.006	.050	.063
歴史学ぶ	.043	.033	.905	.012	-.029	-.039
地域の人と交流	.811	.009	.098	.031	-.017	-.010
ファンと出会い	.978	.008	-.029	.008	-.048	-.011
普段会えない人と交流	.966	-.034	-.019	-.038	.034	.015
この場所だけの経験	.014	-.044	.167	.010	-.029	.742
新しい挑戦	.138	.037	-.050	.002	-.068	.896
単調生活から脱却	.142	-.009	-.039	-.004	.114	.722

注 1：因子抽出法：主因子法。
注 2：回転法：Kaiser の正規化を伴うプロマックス法。

厳しい条件であり、因子の分散を一に固定して推定する確認的因子分析の結果から観測スコアの共分散行列を使うω_3係数を計算したところ、すべての係数でαを上回っている。AVEは、〇・七〇〇～〇・八〇〇の値をとり、〇・五〇以上でα係数・ω係数以下の範囲に収束していた（図表6-10）。以上の検討から、各観測変数がそれぞれの潜在変数（構成概念）を説明しているかどうかの評価について、ω_3係数で真の信頼性を推定できているると判断した。なお、α係数の最低下限値に対応する指標として、観測スコアの大きさを重みとして加重平均する極大信頼性（maximal reliability）を表すcomposite score（W）と呼ばれる指標も提唱されているが、今回の分析では、四観光地すべての信頼性計算でα係数が非常に高いスコアを示していたので、必要なしと判断して用いていない。

そして、経験価値因子の弁別妥当性についても、上のAVEと因子間相関から検討した。因子間の相関関係が、各因子の収束を説明するAVEの大きさと比較して、相関係数のほうが小さいことを示す必要がある。因子間の相関行列から、それぞれの相関係数の平方値は〇・二〇一から〇・五四九の値であり、それぞれの構成概念のAVEを下回っていたことから、経験価値因子の弁別妥当性は保たれていると判断した（図表6-11）。

最後のバイアス誤差もコモン・メソッド・バイアスの問題があるかどうか、高尾山モデ

図表6-10　高幡不動尊モデルを構成する変数と信頼性（reliability）

潜在変数（構成概念）	観測変数（5点尺度）	平均値	標準偏差	cronbach α	ω_3	AVE
自己拡大	自分自身を見つめ直す機会になった	2.68	1.148	0.941	0.950	0.781
	自分の生き方や考え方について考える	2.63	1.144			
	自分の新たな一面を発見できた	2.54	1.094			
自然体感	自然を満喫できた	2.94	1.148	0.950	0.960	0.788
	きれいな空気や水を吸収できた	2.92	1.150			
	自然を身近に感じることができた	2.96	1.164			
健康回復	日ごろの疲れを癒せた	2.90	1.115	0.911	0.920	0.756
	十分に休養できた	2.86	1.096			
	気分的にリフレッシュできた	3.20	1.109			
	心にゆとりができた	3.08	1.062			
知識獲得	訪問先の文化について理解を深めた	3.08	1.104	0.932	0.941	0.773
	本物の文化を肌で感じた	3.01	1.100			
	訪問先の歴史について学んだ	3.07	1.096			
現地交流	訪問地域の人たちと仲良くなれた	2.27	1.091	0.939	0.948	0.779
	同じファンの人たちと出会えた	2.17	1.101			
	普段の生活で出会えない人と交流できた	2.17	1.098			
新奇体験	この場所でしかできない経験ができた	2.72	1.234	0.907	0.916	0.753
	新しいことに挑戦することができた	2.40	1.123			
	単調な生活から抜け出すことができた	2.51	1.172			
プレイスアタッチメント	ここは私そのものである	2.12	1.098	0.964	0.974	0.800
	ここと比較できるほどいい場所はない	2.16	1.107			
	ここは私にとって人生の一部である	2.14	1.133			
	ここは私にとって一番の観光地だと思う	2.16	1.142			
	ここの観光から得られる体験は重要である	2.28	1.129			
反応・態度行動	この場所のことを知人に教えたい	2.76	1.136	0.844	0.852	0.700
	この場所にまた訪問したい	2.99	1.151			
	この場所で地域の人とまた交流したい	2.35	1.109			

図表 6-11　因子相関行列　高幡不動尊モデル
（右上段は相関係数、左下段は相関係数の平方）

因子	現地交流	自然体感	知識獲得	自己拡大	健康回復	新奇体験
現地交流	1.000	0.492	0.448	0.598	0.473	0.741
自然体感	0.242	1.000	0.500	0.547	0.740	0.559
知識獲得	0.201	0.250	1.000	0.553	0.611	0.603
自己拡大	0.358	0.299	0.306	1.000	0.587	0.661
健康回復	0.224	0.548	0.373	0.345	1.000	0.601
新奇体験	0.549	0.312	0.364	0.437	0.361	1.000

注１：因子抽出法：主因子法。
注２：回転法：Kaiser の正規化を伴うプロマックス法。

ルと同様に単一性因子検定から検討した。構成概念を説明するすべての観測変数三〇個に対して、主因子法による探索的因子分析を行った結果、一以上の固有値をもつ因子が四つ抽出された。これらの因子から説明される全観測変数の分散の割合（＝累積寄与率）は五九・六パーセントを占め、かつ第一因子のみで説明される寄与率は二五・七パーセントであった。よって、最も大きい固有値をもつ単一因子によって説明される寄与率も五〇パーセントを下回ったため、コモン・メソッド・バイアスの問題は深刻でないと判断した。

(2) 構造方程式モデリングとパスの推定

続いて、高幡不動尊来訪者の場所と経験のブランディングモデルについて、構造方程式モデリング（共

図表6-12　高幡不動尊モデル（N=742）とパス係数の標準化推定値

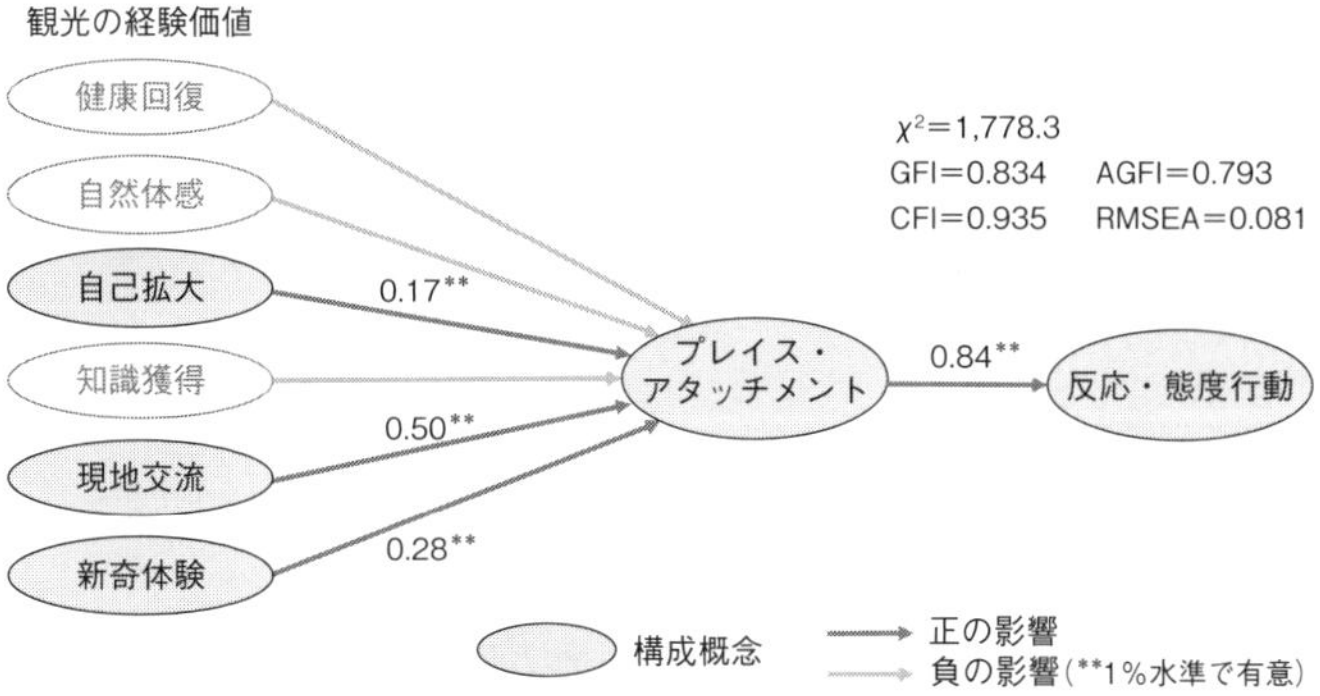

注：観測変数、誤差変数、経験価値の潜在変数間の相関については省略。

分散構造分析）によるパスの推定を行う。まず、モデルの主要な適合度指標をみると、GFI＝0.834, AGFI＝0.793, CFI＝0.935, RMSEA＝0.081 を得た。GFI は 0.9 を下回り、RMSEA は値が小さいほど良い適合度を示すが、このモデルでは「疑似体験」の構成概念を除いたために、先の高尾山モデルと比べて若干上昇したが、このモデルを採用してパス係数の推定に進むことにする。パス図には、六つの経験価値因子間で見られる相関のパスを省略するとともに、観測変数、誤差変数の記載も省略してある（図表6-12）。

高尾山モデルと比べて、高幡不動尊モデルではプレイス・アタッチメントに有意に影響するパスが少ない結果となった。「自己拡大」「現地交流」「新奇体験」の三つの経験価値が場所の愛着へプラスの影響を与えた。ここを訪れる人は、「自己拡大」（自分を見つめる、生き方を考える、新たな自分を発見）を体験する機会となり、その体験が高まると愛着につながる。現地での交流は、参道に並ぶ商店での買い物や飲食の機会が増えると、それが楽しみになり、愛着につながるのかもしれない。そして、不動堂や文化財の仏像を拝謁するという新奇で稀少な体験も同様である。一方で、それ以外の経験価値は愛着へ影響しない。高幡不動尊は、宗教的な祈願で訪れるという高尾山と共通する点があるものの、経験価値のスコアの高さや愛着への影響では異なる結果となった。

また、プレイス・アタッチメントは反応・態度行動に対して強くプラスに影響していた。愛着の下位尺度のなかでは「この場所へまた訪問したい」という再訪問意向が高く、愛着が高まると再訪問が高まるのだろう。

３．サンリオピューロランド来訪者のモデル測定

⑴モデル変数の信頼性と妥当性

東京都多摩市にあるサンリオキャラクターのテーマパーク、サンリオピューロランドは、一般社団法人アニメツーリズム協会が認定する日本のアニメ聖地八十八（二〇一九年

版）にも選ばれている。サンリオの子会社、サンリオエンターテイメントが運営する屋内型テーマパークであり、ハローキティやマイメロディたちが暮らす「マリーランド」をめぐる「〜マイメロディ&クロミ〜マイメロードドライブ」や、ピューロビレッジ全体を使ったイルミネーションショーなど、さまざまなアトラクションやショーが楽しめる。また、キャラクターをモチーフにしたキュートなメニューが味わえる「キャラクターフードコート」は、ファンならずとも必ず立ち寄りたい場所である（サンリオ公式ホームページより）。

サンリオピューロランド（以下サンリオ）は、これまでの高尾山や高幡不動尊のような宗教的、精神的な祈りとその巡礼、あるいは自然志向のツーリズムとは一線を画する架空でファンタジーの世界である。子供も大人もハローキティやマイメロディが暮らすマリーランドの世界に浸って楽しむ場所である。そうした特徴をふまえながらモデルの測定と検証を進めていく。来訪者の観測変数の測定結果から、まず探索的因子分析（主因子法、プロマックス回転）を実行して七つの経験価値が抽出できることを確認した（図表6-13）。

七つの経験価値の因子負荷量はそれぞれ一つの因子に強く相関して収束しているのがわかる。プレイス・アタッチメントの構成概念は、これまで同様に五つの観測変数を用いて

図表 6-13　サンリオピューロランドモデルの経験価値探索的因子分析

	因子負荷量						
	自然体感	健康回復	自己拡大	知識獲得	新奇体験	疑似体験	現地交流
自分見つめ直す	.057	-.016	.898	.030	-.010	-.004	-.042
生き方考える	.002	-.014	1.017	-.036	-.034	-.017	.023
新たな自分発見	.011	.073	.753	.017	.087	.008	.006
自然満喫	.940	.000	.046	-.038	.032	-.043	.001
空気や水吸収	1.001	.010	-.035	-.008	.010	.031	-.050
自然感じる	.976	.020	-.016	-.018	-.026	.002	.009
疲れ癒す	.079	.784	.053	-.027	-.006	.040	-.040
十分な休養	.054	.871	.074	.001	-.187	.053	.012
気分リフレッシュ	-.064	.816	-.070	-.036	.167	-.069	.035
心にゆとり	-.014	.781	-.035	.093	.117	-.037	-.005
訪問先の文化理解	-.037	.004	-.019	.947	.067	.005	-.082
本物の文化	-.047	.022	-.003	.932	.005	.010	-.024
歴史学ぶ	.171	-.001	.037	.724	-.079	-.031	.086
地域の人と交流	.198	-.016	.062	.315	-.105	.067	.578
ファンと出会い	-.050	.032	.008	-.044	-.013	.085	.882
普段会えない人と交流	.030	-.021	-.023	-.006	.120	-.070	.880
この場所だけの経験	-.076	.057	-.021	-.050	.764	-.087	.059
新しい挑戦	.124	-.097	.102	.102	.571	.120	.040
単調生活から脱却	.085	.093	.007	.059	.712	.016	-.029
キャラクターと自分重ねる	.068	-.048	.038	.005	.039	.828	-.028
作品舞台から回想	-.017	.016	-.035	.015	-.068	.935	.032
作品世界に浸る	-.121	.156	-.030	-.043	.282	.408	.026

注１：因子抽出法：主因子法。
注２：回転法：Kaiser の正規化を伴うプロマックス法。

単一因子の構成概念として扱う。モデルに使用したすべての観測変数の測定値をみると、「健康回復」（気分的にリフレッシュできた）、「新奇体験」（この場所でしかできない経験ができた）、「疑似体験」（架空の作品世界に浸ることができた）の平均値が特に高い。同行した家族や友人とともに夢とファンタジーの非日常的な世界に浸り、リフレッシュできる経験が、この場所の魅力になっているのだろう。一方で「自然体感」に関する変数のスコアは低かった。プレイス・アタッチメントの変数の平均値はそれほど高くなく、反応・態度行動では「この場所のことを知人に伝えたい」「この場所にまた訪問したい」のスコアが高かった。来訪者の年齢構成から二世代や三世代のファミリーが多いと考えれば、リピートの来訪につながっているのだろう（図表6-14）。

次に、構成概念の信頼性と収束妥当性を検討した。サンリオモデルで想定する九つすべての構成概念についてα係数を計算すると、〇・八〇八から〇・九六七までの値をとり、高い収束性を示した。ω_3係数はすべての変数でαを上回っている。AVE（平均分散抽出）は、〇・六六四～〇・八〇三の値をとり、〇・五〇以上でα係数・ω係数以下の範囲に収っている。この検討から、各観測変数がそれぞれの潜在変数（構成概念）を説明しているかどうかの評価について、ω_3係数で真の信頼性を推定できていると判断した。

図表 6-14　サンリオピューロランドモデルを構成する変数と信頼性（reliability）

潜在変数（構成概念）	観測変数（5点尺度）	平均値	標準偏差	cron-bach α	ω_3	AVE
自己拡大	自分自身を見つめ直す機会になった	2.03	1.135	0.937	0.946	0.778
	自分の生き方や考え方について考える	2.01	1.112			
	自分の新たな一面を発見できた	2.20	1.229			
自然体感	自然を満喫できた	1.88	1.089	0.967	0.977	0.803
	きれいな空気や水を吸収できた	1.87	1.081			
	自然を身近に感じることができた	1.87	1.083			
健康回復	日ごろの疲れを癒せた	2.90	1.329	0.901	0.910	0.748
	十分に休養できた	2.73	1.233			
	気分的にリフレッシュできた	3.30	1.200			
	心にゆとりができた	2.93	1.223			
知識獲得	訪問先の文化について理解を深めた	2.29	1.207	0.913	0.922	0.758
	本物の文化を肌で感じた	2.25	1.181			
	訪問先の歴史について学んだ	2.05	1.110			
現地交流	訪問地域の人たちと仲良くなれた	2.01	1.121	0.873	0.882	0.725
	同じファンの人たちと出会えた	2.31	1.265			
	普段の生活で出会えない人と交流できた	2.31	1.259			
新奇体験	この場所でしかできない経験ができた	3.37	1.255	0.800	0.808	0.664
	新しいことに挑戦することができた	2.53	1.223			
	単調な生活から抜け出すことができた	2.85	1.289			
疑似体験	ゆかりの作品に登場する人物（キャラクター）と自分を重ねることができた	2.35	1.250	0.808	0.816	0.671
	ゆかりの作品舞台から作品内容を思いだした	2.36	1.252			
	虚構（架空）の作品世界に浸ることができた	3.03	1.338			
プレイスアタッチメント	ここは私そのものである	2.05	1.137	0.956	0.966	0.793
	ここと比較できるほどいい場所はない	2.14	1.134			
	ここは私にとって人生の一部である	2.03	1.126			
	ここは私にとって一番の観光地だと思う	2.07	1.145			
	ここの観光から得られる体験は重要である	2.22	1.148			
反応・態度行動	この場所のことを知人に教えたい	2.82	1.229	0.847	0.855	0.703
	この場所にまた訪問したい	2.80	1.252			
	この場所で地域の人とまた交流したい	2.26	1.186			

図表6-15　因子相関行列　サンリオピューロランドモデル
（右上段は相関係数、左下段は相関係数の平方）

因子	自然体感	健康回復	自己拡大	知識獲得	新奇体験	疑似体験	現地交流
自然体感	1.000	0.382	0.713	0.693	0.221	0.566	0.581
健康回復	0.146	1.000	0.512	0.498	0.621	0.532	0.433
自己拡大	0.508	0.262	1.000	0.704	0.436	0.635	0.596
知識獲得	0.480	0.248	0.496	1.000	0.508	0.677	0.734
新奇体験	0.049	0.386	0.190	0.258	1.000	0.590	0.556
疑似体験	0.320	0.283	0.403	0.458	0.348	1.000	0.696
現地交流	0.338	0.187	0.355	0.539	0.309	0.484	1.000

注1：因子抽出法：主因子法。
注2：回転法：Kaiserの正規化を伴うプロマックス法。

そして、経験価値因子の弁別妥当性についても、*AVE*と因子間の相関行列の比較から、それぞれの相関係数の平方値（〇・〇四九〜〇・五三九）が、それぞれの構成概念の*AVE*を下回っているので、因子間の相関を前提としても七つの経験価値因子の弁別妥当性は独立して保たれていると判断した（図表6-15）。

最後のバイアス誤差もコモン・メソッド・バイアスの問題があるかどうか、これまでと同様に単一性因子検定から検討して問題なしと判断した。構成概念を説明するすべての観測変数に対して因子分析を行った結果、一以上の固有値をもつ因子が七つ抽出され、累積寄与率七五・四パーセント、うち第一因子のみで説明される寄与率は一六・五パーセントだった。

図表 6-16　サンリオピューロランドモデル（N=992）と パス係数の標準化推定値

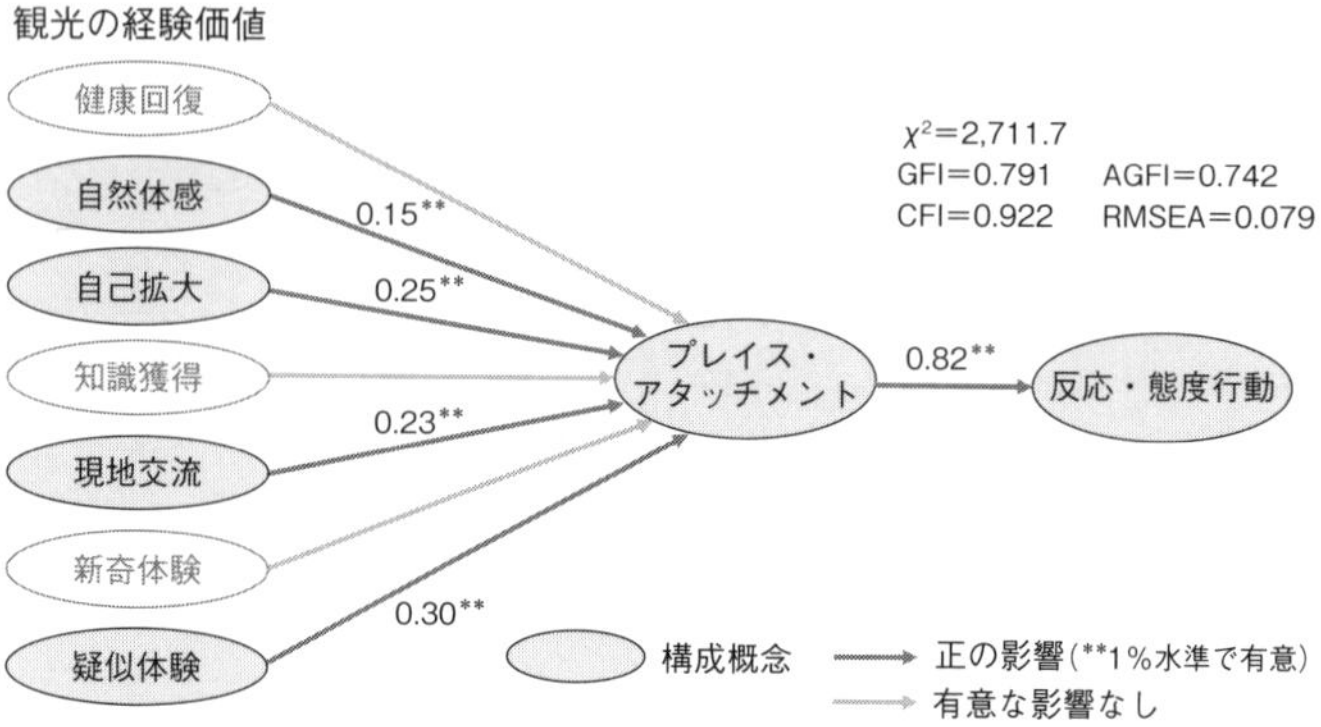

注：観測変数、誤差変数、経験価値の潜在変数間の相関については省略。

⑵ 構造方程式モデリングとパスの推定

続いて、サンリオピューロランド来訪者の場所と経験のブランディングモデルについて、これまでと同様に構造方程式モデリングによるパスの推定を行う。まず、モデルの主要な適合度指標をみると、GFI＝0.791, AGFI＝0.742, CFI＝0.922, RMSEA＝0.079を得た。GFIが0.9を下回るが、このモデルを採用してパス係数の推定に進むことにする。パス図には、七つの経験価値因子間で見られる相関のパスを省略するとともに、観測変数、誤差変数の記載も省略してある（図表6-16）。

このモデルから「自然体感」「自己拡大」「現地交流」「疑似体験」の四つの経験価値が場所の愛着へプラスの影響を与えている。「疑似体験」（架空の世界に浸ることができた）の経験が高まれば、愛着の向上につながる。「自己拡大」「現地交流」も同様である。「自然体感」は、その変数の平均値が低いので、愛着を下げる方向に作用している。この場所はファンタジーの世界なので、来訪者は疑似体験を強く感じ、それが愛着につながるのは予想できる。また現地の交流は、パーク内でさまざまなキャラクターに出会い、サービススタッフの対応に触れることであり、その経験価値の向上が愛着を高めるのだろう。そして、ここを訪れる人が「自己拡大」（自分を見つめる、生き方を考える、新たな自分を発見）の体験を高めることで愛着につながるという関係は興味深い。好きなキャラクターとファンタジーの世界で遊ぶことは、宗教的な儀礼や巡礼のように自己を見つめる機会にはつながらないと考えたが、測定結果では愛着との関係が見いだせた。サンリオを訪れてキャラクターに癒され、元気づけられる経験が当地の愛着を高めるのかもしれない。

また、プレイス・アタッチメントはここでも反応・態度行動に対して強くプラスに影響していた。愛着の下位尺度のなかでは「この場所のことを知人に教えたい」という口コミや「この場所へまた訪問したい」という再訪問意向が高く、愛着が高まると口コミや再訪問が増える。

４．立川アニメ聖地来訪者のモデル測定

⑴モデル変数の信頼性と妥当性

東京都立川市がアニメツーリズムの街づくりを進める事例は第１章で詳しく紹介した。特に立川を舞台とした学園都市シリーズ（「とある科学の超電磁砲」「とある魔術の禁書目録」「とある科学の一方通行」など）の継続的なヒットは、他のアニメ聖地にはない特長を有していることを考察した。自治体視点でアニメ聖地を街づくりに生かす取り組みを見たが、当地を訪れるファンユーザーが、どんな経験価値を感じているかは、同じ架空の世界を楽しむ多摩市のサンリオピューロランドと比較して興味のあるところである。テーマパークは視覚的にも非日常の空間を見せてくれるが、アニメ聖地の風景は、日ごろの日常空間そのままである。両者の類似性と非類似性も考慮しながらモデル測定値の分析を進めたい。

まず、当地の来訪者の観測変数の測定結果から、経験価値に関する探索的因子分析（主因子法、プロマックス回転）を実行した（図表6-17）。

七つの経験価値の因子負荷量はそれぞれ一つの因子に強く相関して収束していた。モデルに使用したすべての観測変数の測定値をみると、「健康回復」（日ごろの疲れを癒せた、気分的にリフレッシュできた、心にゆとりができた）、「新奇体験」（この場所でしかできない経

図表 6-17　立川アニメ聖地モデルの経験価値　探索的因子分析

	因子負荷量						
	健康回復	自然体感	疑似体験	現地交流	自己拡大	知識獲得	新奇体験
自分見つめ直す	.041	-.009	.007	.024	.909	-.008	-.057
生き方考える	.022	.006	.003	.007	.914	-.009	.018
新たな自分発見	-.038	.052	.001	.021	.723	.034	.143
自然満喫	.019	.853	.067	-.094	.031	.069	-.025
空気や水吸収	.012	.932	.015	.076	.013	-.055	-.043
自然感じる	.018	.860	-.018	-.013	-.021	.017	.080
疲れ癒す	.734	.197	-.090	.110	.027	-.043	-.024
十分な休養	.875	.010	-.076	.058	.049	-.039	-.015
気分リフレッシュ	.912	-.017	.080	-.139	-.060	.016	.009
心にゆとり	.755	-.065	.078	.001	.068	.109	-.030
訪問先の文化理解	.127	-.065	.010	.001	.030	.812	-.047
本物の文化	.007	.047	-.004	-.047	.017	.927	-.036
歴史学ぶ	-.097	.069	.009	.137	-.046	.750	.082
地域の人と交流	-.022	.068	-.106	.698	.075	.150	.005
ファンと出会い	.010	-.039	.086	.972	-.005	-.082	-.047
普段会えない人と交流	-.018	-.019	.021	.890	.004	.028	.020
この場所だけの経験	.259	-.043	.142	.126	-.106	-.011	.484
新しい挑戦	-.058	.031	-.078	-.032	.064	-.027	.998
単調生活から脱却	.092	-.025	.138	.004	.029	.076	.597
キャラクターと自分重ねる	-.040	-.043	.813	.066	.189	-.004	-.067
作品舞台から回想	.069	.019	.854	-.049	-.044	.002	-.019
作品世界に浸る	-.034	.078	.859	.033	-.086	.002	.022

注1：因子抽出法：主因子法。
注2：回転法：Kaiser の正規化を伴うプロマックス法。

験ができた）、「疑似体験」（ゆかりの作品舞台から作品内容を思い出した、架空の作品世界に浸ることができた）の平均値が特に高い。新奇体験と疑似体験は、アニメ聖地を訪れた人ならではの特徴的な経験である。リフレッシュした気分や心のゆとりなどは聖地を中心に街歩きをすることで得られる経験価値かもしれない。そのほか、目立って低い変数のスコアは見られなかった。そして、立川アニメ聖地の来訪者の特徴は、二〇代後半から三〇代前半に集中する年齢構成と同行者のいない一人だけの行動であった。初期の放送作品で巡礼が盛り上がり始めたのが八年くらい前なので、当時二〇歳前後の若者が多く訪れており、その際に単独行動の来訪から、これらの経験をしたのかもしれない。また、経験価値を含むすべての観測変数の平均スコアは他の三観光地の得点よりも総じて高い。プレイス・アタッチメントと反応・態度行動の各観測変数の平均スコアも総じて高かった（図表6-18）。

次に、構成概念の信頼性と収束妥当性を検討した。立川アニメ聖地モデルで想定する九つすべての構成概念に関するα係数は、〇・八三二から〇・九四六と高い収束性である。ω_3係数もすべての変数でαを上回っている。AVE（平均分散抽出）は、〇・六九一〜〇・七八五の値をとり、〇・五〇以上でα係数・ω係数以下の範囲に収っている。よって、ω_3係数で真の信頼性を推定できていると判断した。経験価値因子の弁別妥当性につい

図表6-18　立川アニメ聖地モデルを構成する変数と信頼性（reliability）

潜在変数（構成概念）	観測変数（5点尺度）	平均値	標準偏差	cron-bach α	ω_3	AVE
自己拡大	自分自身を見つめ直す機会になった	2.66	1.250	0.930	0.939	0.772
	自分の生き方や考え方について考える	2.59	1.158			
	自分の新たな一面を発見できた	2.68	1.188			
自然体感	自然を満喫できた	2.82	1.252	0.935	0.944	0.775
	きれいな空気や水を吸収できた	2.68	1.228			
	自然を身近に感じることができた	2.77	1.237			
健康回復	日ごろの疲れを癒せた	3.05	1.186	0.912	0.921	0.756
	十分に休養できた	2.97	1.180			
	気分的にリフレッシュできた	3.26	1.190			
	心にゆとりができた	3.09	1.160			
知識獲得	訪問先の文化について理解を深めた	2.95	1.170	0.904	0.913	0.750
	本物の文化を肌で感じた	2.86	1.148			
	訪問先の歴史について学んだ	2.76	1.180			
現地交流	訪問地域の人たちと仲良くなれた	2.48	1.154	0.912	0.921	0.757
	同じファンの人たちと出会えた	2.60	1.239			
	普段の生活で出会えない人と交流できた	2.61	1.200			
新奇体験	この場所でしかできない経験ができた	3.04	1.191	0.868	0.877	0.720
	新しいことに挑戦することができた	2.73	1.164			
	単調な生活から抜け出すことができた	2.89	1.184			
疑似体験	ゆかりの作品に登場する人物（キャラクター）と自分を重ねることができた	2.93	1.250	0.888	0.897	0.737
	ゆかりの作品舞台から作品内容を思いだした	3.16	1.261			
	虚構（架空）の作品世界に浸ることができた	3.03	1.222			
プレイスアタッチメント	ここは私そのものである	2.49	1.163	0.946	0.955	0.785
	ここと比較できるほどいい場所はない	2.54	1.178			
	ここは私にとって人生の一部である	2.52	1.161			
	ここは私にとって一番の観光地だと思う	2.48	1.156			
	ここの観光から得られる体験は重要である	2.59	1.142			
反応・態度行動	この場所のことを知人に教えたい	3.01	1.207	0.832	0.840	0.691
	この場所にまた訪問したい	3.14	1.171			
	この場所で地域の人とまた交流したい	2.62	1.181			

図表6-19　因子相関行列　立川アニメ聖地モデル
（右上段は相関係数、左下段は相関係数の平方）

因　子	健康回復	自然体感	疑似体験	現地交流	自己拡大	知識獲得	新奇体験
健康回復	1.000	0.642	0.619	0.545	0.611	0.655	0.693
自然体感	0.412	1.000	0.470	0.546	0.621	0.660	0.601
疑似体験	0.383	0.221	1.000	0.584	0.504	0.588	0.651
現地交流	0.297	0.298	0.341	1.000	0.703	0.691	0.687
自己拡大	0.373	0.386	0.254	0.494	1.000	0.659	0.642
知識獲得	0.428	0.436	0.346	0.477	0.428	1.000	0.718
新奇体験	0.480	0.361	0.424	0.472	0.412	0.516	1.000

注1：因子抽出法：主因子法。
注2：回転法：Kaiserの正規化を伴うプロマックス法。

ても、*AVE*と因子間の相関行列の比較から、相関係数の平方値（〇・二二一～〇・四九四）が、それぞれの構成概念の*AVE*を下回っているので、因子間の相関を前提にした七つの経験価値因子の弁別妥当性は独立して保たれている（**図表6-19**）。

最後のバイアス誤差もコモン・メソッド・バイアスの問題があるかどうか、これまでと同様に単一性因子検定から検討した結果、問題がない。構成概念を説明するすべての観測変数に対して因子分析を行った結果、一以上の固有値をもつ因子が四つ抽出され、累積寄与率六七・〇パーセント、うち第一因子のみで説明される寄与率は二八・五パーセントだった。

図表 6-20　立川アニメ聖地モデル（N=500）とパス係数の標準化推定値

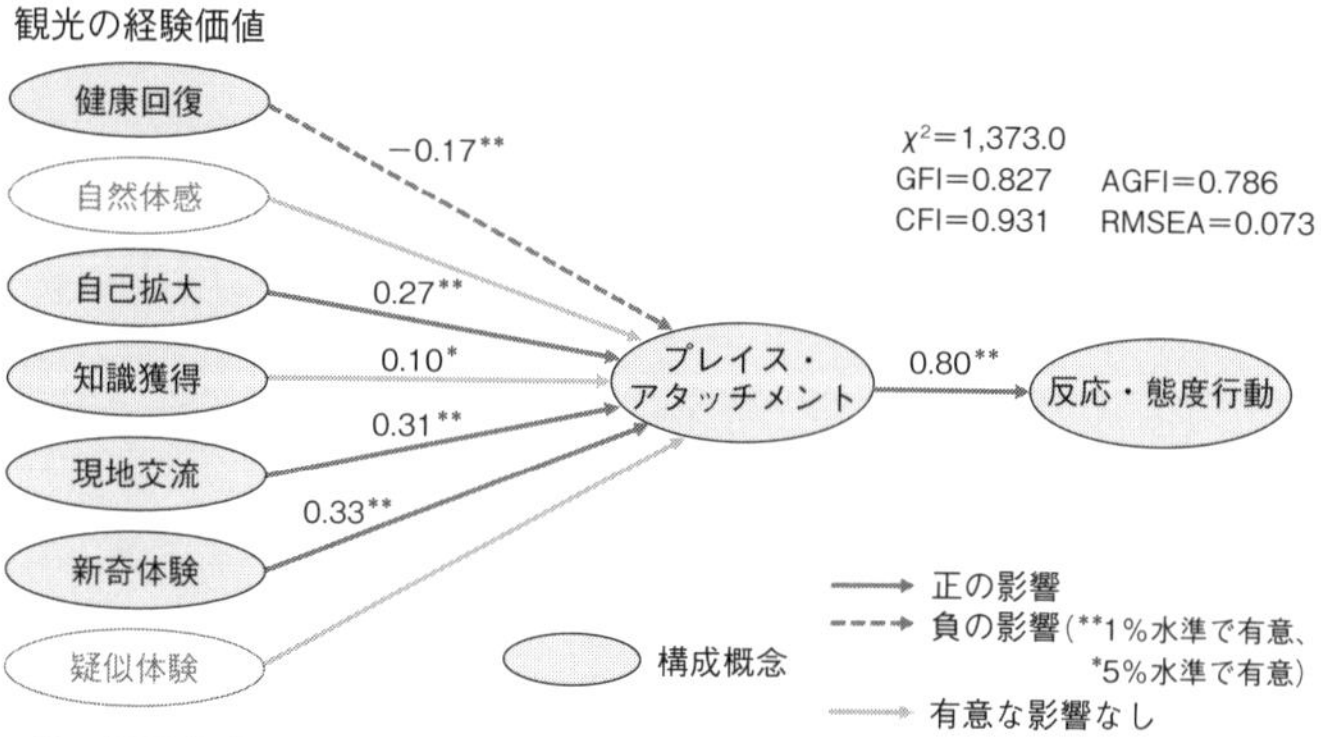

注：観測変数、誤差変数、経験価値の潜在変数間の相関については省略。

(2) 構造方程式モデリングとパスの推定

立川アニメ聖地来訪者の場所と経験のブランディングモデルについて、構造方程式モデリング（共分散構造分析）によるパスの推定を行う。モデルの主要な適合度指標をみると、GFI＝0.827, AGFI＝0.786, CFI＝0.931, RMSEA＝0.073を得た。GFIは0.9を下回るが、このモデルを採用してパス係数の推定に進む。パス図には、七つの経験価値因子間で見られる相関のパスを省略するとともに、観測変数、誤差変数の記載も省略してある（**図表6-20**）。

このモデルから「自己拡大」「知識獲得」「現地交流」「新奇体験」の四つの経験価値が場所の愛着へプラスの影響を与えた。このうち新奇体験は「この場所でしか経験できない」平均スコアが高く、アニメ作品ゆかりの地として立川に来なければ作品の舞台巡りができない経験をすることが場所への愛着を高める。自己拡大、知識獲得、さらに現地交流は、各変数の平均スコアはそれほど高くないが、それぞれの経験価値の向上は場所への愛着を高める。一方で「健康回復」については変数の平均スコアは高いものの、場所への愛着にはマイナスの影響を示した。

なお、「疑似体験」は、変数のスコアは高かったものの、愛着への影響は見られない。アニメ世界の疑似的な体験をしても、それがリアルな立川という場所への愛着には直接結びつかないのかもしれない。第1章の最後で考察したが、アニメ聖地への思いは、ファンユーザーが個々に主観的に意味形成したシミュラークルの世界である。シミュラークルの世界とリアルで物理的な場所との間には、感情のつながりが自然に形成されることはないという示唆である。

また、プレイス・アタッチメントは反応・態度行動に対して強くプラスに影響していた。愛着の下位尺度のなかでは「この場所のことを知人に教えたい」という口コミや「この場所へまた訪問したい」という再訪問意向が高く、愛着が高まると口コミや再訪問が増える。

図表6-21　経験価値⇒プレイス・アタッチメントへの有意なパス

	高尾山	高幡不動尊	サンリオピューロランド	立川アニメ聖地
自己拡大	(+)	(+)	(+)	(+)
自然体感	(−)		(+)	
健康回復	(+)			(−)
知識獲得				(+)
現地交流	(+)	(+)	(+)	(+)
新奇体験	(+)	(+)		(+)
疑似体験	(+)	—	(+)	

第3節　考察

1．モデルのパスの影響

以上、東京都多摩地域の四つの観光地を訪れたユーザーに対して、統一的なブランディングモデルを用いて測定し、パスの有意性について検証してきた。(3) 経験価値からプレイス・アタッチメントへ有意な影響を与えるパスについては、**図表6-21**のようにまとめられる。

七つの経験価値のうち、まず「自己拡大」はすべての観光地でプラスに影響していた。自分を見つめ直したり、これまでの生き方や考え方をふりかえる経験は、宗教的・精神的な祈願や巡礼行動だけでなく、ファンタジーのテーマパークや架空世界のアニメ聖地においても場所の愛着につながる結果は大変興味深い。

「自然体感」は、サンリオピューロランドでプラス、高尾山でマイナスの影響だった。自然の満喫を感じるほど、その場所への愛着を高めると推測したのは高尾山であったが、場所への愛着の影響は、サンリオでプラスに、高尾山はマイナスだった。高尾山の「自然体感」の変数の平均スコアは高いが、愛着度を高めることはなかった。自然を満喫する経験とその場所への愛着とは直接結びつかないのかもしれない。

「健康回復」は高尾山でプラス、立川アニメ聖地でマイナスの影響が見られた。高尾山は自然林に囲まれた古くからの霊山であり、各変数の平均スコアも高く、それが場所への愛着を高める効果が見られた。同じ宗教的な祈願や巡礼行動がある高幡不動尊ではこの影響は見られなかった。一方、アニメやサブカルチャーが好きなオタクファンにとって、疲れの癒しや休養は、変数スコアは高いものの、場所への愛着にはマイナスに働き、少なくともプラスに影響を与えることはない。

「知識獲得」の経験価値は、立川アニメ聖地のみプラスの影響が見られた。知識獲得は、訪問地の文化理解や本物の文化や歴史を感じる経験であり、四観光地のなかでは歴史の古い高幡不動尊でそうした経験の変数の平均スコアが高いものの愛着への影響は見られない。一方で立川アニメ聖地の来訪者にとっては、作品世界の文化に触れることが場所への愛着を高めているのかもしれない。アニメ作品の舞台聖地への愛着は歴史や文化と同じくらい重要な作品の知識と価値から形成されている可能性がある。

「現地交流」の経験価値は、すべての観光地で場所への愛着にプラスの影響を与えている。観光地で現地の小売・サービス店舗や企業の人たちと買物や飲食を通じてコミュニケーションを深めたり、当地の同じファンの人たちと出会ったりする交流は、それぞれの場所の愛着を高める効果がある。中でも、高幡不動尊のパス係数（〇・五〇）が特に高かった。当地には古くから現地に至る参道に多くの店舗が立ち並ぶ商店街（高幡不動参道会）があり、来訪者が多く立ち寄る賑わいを見せている。来訪者は店の人たちとコミュニケーションすることで、当地への愛着を高め、リピートの来訪につながっていると考えられる。

「新奇体験」は、高尾山、高幡不動尊、立川アニメ聖地で場所への愛着にプラスの影響を与えていた。普段の日常生活から離れ、その場所でしか経験できない価値は、この三つの観光地で愛着につながっている。高尾山と立川アニメ聖地では、この変数の平均スコアも高い。一方でサンリオのスコアは高いものの、場所への愛着には結びついていない。

「疑似体験」の経験価値は、観光心理学の先行研究では明確に取り上げられていない構成概念であるが、現代のツーリズムには不可欠であると考えてモデルに入れた。場所の愛着への影響は、高尾山とサンリオでプラスのパスが見られた。サンリオではキャラクターが住む世界、高尾山でも「ヤマノススメ」（山ガールたちが登山を楽しむTVアニメ作品）の舞台となっている。変数の平均スコアでは、サンリオと立川アニメ聖地の得点が高かったものの、立川アニメ聖地は愛着につながっていない。強く疑似体験を感じたファンユーザーでもそのまま立川というリアルな場所への愛着に結びつかず、これが高尾山のような宗教的・自然的ツーリズムと異なるアニメツーリズムの特徴になるのかもしれない。

最後に、今回の四観光地のモデル測定では、プレイス・アタッチメントから反応・態度行動（この場所のことを知人に伝えたい、また訪問したい、地域の人とまた交流したい）のパスがすべて強いプラスで有意になる結果となった。プレイス・アタッチメントの向上につながる経験価値の経路は観光地間で異なるが、反応・態度行動にはすべてプラスに影響した。やはり、場所への愛着を高めることは、その後のリピートや知人への情報伝播につながる。

2. 経験価値と訪問回数の関係

次に、経験価値は訪問回数が増えるほど高まるのか検証してみた。七つの経験は、初回よりも二回目、三回目と訪問が増えるほど、その度合いは高くなる可能性が考えられる。本章の冒頭で紹介したが、複数回数の訪問者が最も多かったのは高尾山であり、一一回以上の訪問が多いのは立川アニメ聖地であった。そこで、各観光地モデルの測定で抽出したそれぞれの経験価値の因子スコアを使い、訪問回数（四段階スケール）との相関係数を計算してみた。その結果、立川アニメ聖地はすべての経験価値で有意な相関が見られないのに対して、他の三つの観光地はすべての経験価値で正の相関が見られた（片側確率一パーセント水準で有意。ただし高幡不動尊は六つ）。中でもサンリオピューロランドの相関係数は「自然体感」を除く六つの経験価値で〇・二〇以上と高かった。ユーザーにとってサンリオを訪れるほど経験価値がより高くなる傾向があり、当地の高い人気と魅力を裏付ける数字だろう。一方、立川アニメ聖地は特異な結果である。訪問回数が増えても経験価値は高まらない。第１章の事例研究で取り上げたが、立川を舞台とするアニメ作品は学園都市シリーズを初め、一〇作品を超える。ファンユーザーは自分の好きな作品舞台を巡るのであり、中には複数回数の訪問で異なる作品の聖地を訪ねているのかもしれない。異なる舞

図表 6-22　経験価値因子と訪問回数の相関
（上段は Pearson の相関係数、下段は有意確率：片側）

	自己拡大	自然体感	健康回復	知識獲得	現地交流	新奇体験	疑似体験
高尾山 N＝1,577	0.140	0.107	0.179	0.146	0.137	0.116	0.108
	0.00	0.00	0.00	0.00	0.00	0.00	0.00
高幡不動尊 N＝742	0.210	0.069	0.096	0.131	0.162	0.143	—
	0.00	0.00	0.00	0.00	0.00	0.00	—
サンリオピューロランド N＝992	0.287	0.169	0.254	0.243	0.270	0.286	0.290
	0.00	0.00	0.00	0.00	0.00	0.00	0.00
立川アニメ聖地 N＝500	0.059	−0.008	0.033	0.028	0.012	0.055	−0.019
	0.09	0.43	0.23	0.27	0.40	0.11	0.34

台を巡るのは、経験価値の向上につながらない可能性がある。

3．観光地間の関連性

今回の調査対象の観光地はすべて東京都多摩地域に所在して互いに近接していることから、来訪者のサンプル二〇〇〇人に対して、高尾山（N＝1,577）やサンリオ（N＝992）は他の観光地も訪れる重複性が見られた。そこで、四つの観光地に訪れたことがある人とない人のデータから、その観光地間の行動を相関係数で計算してみた（図表6-22）。その結果、高尾山を訪れる人は、高幡不動尊も訪れる関係（〇・二一五で有意）と、サンリオピューロランドには訪れない関係（マイナス〇・二七〇で有意）がわかった。立川アニメ聖地の来訪者は、高幡不動尊

図表6-23　4観光地来訪の有無に関する相関

(N＝2,000)

		高尾山来訪	高幡不動尊来訪	サンリオピューロランド来訪	立川アニメ聖地来訪
高尾山来訪	Pearson の相関係数	1.000	.215**	-.270**	-.020
	有意確率（片側）		.000	.000	.180
	度数	2000	2000	2000	2000
高幡不動尊来訪	Pearson の相関係数	.215**	1.000	-.015	.135**
	有意確率（片側）	.000		.258	.000
	度数	2000	2000	2000	2000
サンリオピューロランド来訪	Pearson の相関係数	-.270**	-.015	1.000	.125**
	有意確率（片側）	.000	.258		.000
	度数	2000	2000	2000	2000
立川アニメ聖地来訪	Pearson の相関係数	-.020	.135**	.125**	1.000
	有意確率（片側）	.180	.000	.000	
	度数	2000	2000	2000	2000

注：**. 相関係数は 1% 水準で有意（片側）。

（〇・一三五で有意）とサンリオピューロランド（〇・一二五で有意）と正の相関があり、二つの観光地も訪れやすい関係が見られた（図表6-23）。

このうち、高尾山と高幡不動尊は、比較的高い年齢層に支持される宗教的な祈願や巡礼行動のスポットという点が共通しているだろう。サンリオピューロランドと立川アニメ聖地は、ファンタジーやSFの架空世界が好きな趣味で共通している。それぞれの観光地の特色を反映した来訪者の行動がわかる。一方、高幡不動尊（日野市）と立川アニメ聖地（立川市）は、多摩モノレールで一〇分程度の近い距離にあることから双方を訪れる人が多いのかもしれない。

4．課題

最後に本章の調査とモデルの測定に関する課題を挙げておく。第一は外国人観光客の行動である。序章でも見たとおり、近年、日本の観光地には外国人観光客が数多く訪れている。今回の調査場所のなかでは、特に高尾山とサンリオピューロランドの人気が高い。高尾山は二〇〇七年にミシュランガイドで三つ星観光地に選ばれており、サンリオピューロランドはサンリオの台湾子会社の事業展開もあり、台湾からの外国人団体客が多数来訪する。海外のアニメファンも立川アニメ聖地を訪れるようになっている。こうしたインバウンドで訪れる外国人観光客についても、今後は調査対象に含めていく必要があるだろう。

第二に、経験価値尺度の精緻化である。観光地の社会心理学では、これまで多数の観光地行動に関する消費者の動機や目的が研究されてきた。今回は、テーマパークやアニメ作品の聖地など比較的新しい事例を取り上げた。その知見をふまえて観光地の経験価値の尺度をいっそう精緻化することが望ましい。特に、経験価値が観光地の訪問回数で高まる（またはその反対）という知見についても、さらなる考察が必要である。

また、プレイス・アタッチメント概念が、想定する七つの観測変数から二つの因子構造（プレイス・アイデンティティ、プレイス・ディペンデンス）に弁別、識別できなかった。同概念が果たして機能的と感情的という二次元の因子構造で説明できるのかどうか。先行研究を再検討して概念の意味と観測変数を改めて研究する余地がある。

第三は、今回の実証分析の知見が東京都多摩地域に限定されることである。経験と場所のブランディングモデルの外的妥当性を高めるには、今回の検証結果をふまえて、全国の観光地に適用していく研究が求められる。

注

（1）信頼性（reliability）の検討はすべてR言語のパッケージから、次のＳＥＭツールを用いて計算した。

reliability{sem Tools} Calculate reliability values of factors.

maximal Relia{sem Tools} Calculate maximal reliability.

関連するマニュアルは以下を参照した。

Title: Useful Tools for Structural Equation Modeling Version 0.4-14 Description Provides useful tools for structural equation modeling packages.（October 22, 2016）

Depends R(> = 3.0).（URL https://github.com/simsem/semTools/wiki）

検討したそれぞれの信頼性係数は、上記のRマニュアルを参考にすると、因子を集約する際の構成概念の各観測変数のスコアを単純平均構造として捉えるか、それとも加重平均（weighted sum）の構造として使うかによって分類できる。単純平均構造を使うのが、α係数、ω係数、*AVE*であり、加重平均構造を入れるのが、composite score（*W*）や構造方程式モデリングである。調査テストが想定する三つの制約条件の有無により指標の有効性は異なるが、実務的な分析では単純平均構造で信頼性の下限を見ながら加重平均の指標で上限を推測する方法が妥当と考えられる。

（2）分析に用いた多変量解析や構造方程式モデリング（共分散構造分析）の計算には、R言語の'sem tools'パッケージ（Tools for Structural Equation Modeling, Lavaan）、および IBM. SPSS. Amos Version24パッケージを併用して使用した。参照したマニュアルは上記と同様である。

（3）本章の研究では、モデル内のパス測定に関する観光地ごとの事前の仮説を設定していない。学術研究としては不備であるが、本書の位置づけと実務的な示唆を優先してパスの影響結果を測定して示すことに留めた。

参考文献

Fornell, C. & Larcker, D. F.（1981）Evaluating Structural Equation Models with Unobservable Variables and Measurement Error, *Journal of Marketing Research*, 18(1), 39–50.

Green, S. B. & Yang, Y.（2009）Reliability of Summed Item Scores Using Structural Equation Model-

ing: An Alternative to Coefficient Alpha, *Psychometrika,* 74(1), 155-167.
Podsakoff, P. M., MacKenzie, S. B., Lee, J. Y. & Podsakoff, N. P. (2003) Common Method Biases in Behavioral Research: A Critical review of the Literature and Recommended Remedies, *Journal of Applied Psychology,* 88(5), 879-903.
豊田秀樹（一九九八）『共分散構造分析［入門編］―構造方程式モデリング―』朝倉書店。
――（二〇〇七）『共分散構造分析［Amos編］―構造方程式モデリング―』東京図書。
林幸史・藤原武弘（二〇一二）「観光地での経験評価が旅行満足に与える影響―観光動機と旅行経験の観点から―」関西学院大学社会学部紀要、一一四号、一九九-二一一頁。
林知己夫編（二〇〇二）『社会調査ハンドブック』朝倉書店。

（片野　浩一）

終章
経験と場所のブランディング
——競争より適者共存

第1節　二番手戦略の生き残りと共存

第1部で取り上げた四つの事例は、地域固有の歴史的・文化的資源の有無に関わらず、ローカル市場における二番手ないしチャレンジャーの取り組みを運営側から紹介した報告である。地域ブランディングで紹介される事例の多くは、全国ブランドとは異なる安定的で知名度の高い事例ばかりである。立川市にはもともと歴史的・文化的な資源が乏しく、地域ブランドのシンボルがなかったが、アニメファンのユーザーが作品舞台の当地を訪れる現象を自治体職員が偶然見つけたことをきっかけにして、アニメツーリズムの街づくりがスタートした。アニメツーリズムで成功している先行事例を参考に、市民祭りを活用した独自のイベント開催や企業とのコラボ商品の開発など他の地域振興とは異なる街づくりを展開する。アニメファンのユーザーという細分化されたマイナーな市場であるが、コアな作品ファンを確保しながら地域振興を継続している。

日野市の「TOYODA BEER」には、かつて同じ一〇〇年以上前の時期に類似のビールとしてスタートしたエビスビールの存在があった。エビスビールは、サッポロビールの下で生産と販売、そして革新を続け、恵比寿という街の発展と共鳴しながら今日のブランドを築いている。一方の「TOYODA BEER」は短期間の生産で終わり、最近まで人々の記憶から忘れ去られていた。文化財の発掘調査を機に多摩地域最古のビールとして復活した後、地域ビールという一商品として事業の拡大を目指すが、一〇〇年以上の時間をかけて市場に根付いてきたエビスビールとの差は大きい。しかし、エビスビールは全国を市場とするブランドであり、「TOYODA BEER」は日野市を中心とする多摩エリアの市場セグメントで販売するという違いがそもそもある。全国ブランドとは異なる土俵で競争しており、むしろ多摩地域の中で日野市が周囲に埋没しないように存在感を示すシンボルとして訴求するのが、むしろ最優先の目標になるだろう。

地域振興を目的に大学のリソースを使ってローカルアイドルユニットを結成して活動する例は珍しい。既存のローカルアイドルには、地域のアイドルといっても、プロの芸能事務所がプロデュースして支援するグループも多い。多摩地域でも八王子市を地盤に活動するグループ、八王子プリンセス（はちぷり）があり、その完成度は高い。域学連携として、Me-gumi ユニットは大学側と地域側の双方にメリットがあることを確認したが、その継続性を含めてローカルアイドルとしての完成度を高めていくのが課題であった。

域学連携のもう一つの事例は、ローカルスイーツの企画開発である。地域の老舗和菓子店の商品企画開発を大学生が授業として組織的に取り組み、競争原理を取り入れながら、継続的な成果を上げている事例である。二〇〇人近い規模の学生がチームで課題商品のネーミングとパッケージをデザインし、店舗側にプレゼンテーションを行う。アウトプットは店頭で販売される商品の魅力に集約されるが、そのプロセスから学生の社会人基礎力の向上が確認できた。企業側にも学生の柔軟な発想力や企画力を活用できるメリットがあった。域学連携の事例は、地域を顧客基盤とするローカル大学が地元企業や自治体と協働しながらユニークなコンテンツを創りだし、やはり近隣で競争する多数の他大学のなかで生き残りを図る取り組みでもある。

第２節　経験と場所のブランディングモデル

１．理論的インプリケーション

第２部は、地域ブランドの先行研究を広範にレビューしたのち、観光心理学と環境心理学の知見から研究フレームワークとモデルを構築し（第５章）、多摩地域の四観光地を対象に、ユーザーが現地で感じる経験と場所愛着について質問紙調査を実施し、ユーザー側からモデルの測定と分析を行った（第６章）。地域ブランディングを説明するのに、観光地からユーザーが感じる経験価値（experience value）を七つの要素から捉えるとともに、どの要素が観光地の場所（プレイス）への愛着（place attachment）につながり、その後の反応・態度に影響するのか、という因果モデルを想定した。結果と考察はそれぞれに解説したが、この調査ではプレイスを高尾山、高幡不動尊、サンリオピューロランド、立川アニメ聖地、という特定の観光地に限定した。このプレイスを行政単位に拡張すれば、それぞれ八王子市、日野市、多摩市、立川市という行政区画の地域とブランディングという議論になるが、本書では取りあげていない。

「経験と場所のブランディングモデル」の測定から、プレイス・アタッチメントはそれに先立つ観光地それぞれの特色をもつ経験価値から説明され、ユーザーの肯定的な反応行動に結びつくことを実証できた。これまでの関連する研究では、観光心理学から経験評価の要素を次元分解して分類する業績が蓄積される一方、環境心理学からプレイス・アタッチメント概念も海外の観光地を対象に測定されてきた。本書の研究では、この両者を因果モデルとして結びつけ、より包括的なブランディングモデルに発展できた。プレイス・アタッチメントとは、当地が自分にとってどれくらい大切か、当地と自分との肯定的な感情の結びつきを測定する概念であり、いわばブランディングの結果である。ただし、本書の実証データからは先行研究が示唆する二次元構造（プレイス・ディペンデンスとプレイス・アイデンティティ）を適切に弁別することができなかった。それぞれが示す機能的と感情的な側面を観測変数で適切に測定できなかった可能性があり、観測変数の見直しはこの分野の研究課題として残った。

一方の経験価値は、このブランディングの結果を説明するプロセスの概念であるといえる。自分と場所を結びつける好意的な感情はどのような要因ないし理由から説明されるのか。環境心理学の研究ではプレイス・アタッチメントが形成される要因の研究は十分とはいえなかった。この要因を考察するには多様な学際的な概念が援用できると思われるが、本書ではその有力な変数として経験価値に着目した。このプロセスと結果で説明するブランディングモデルは、今後、他の観光地や対象を商品や行政地域に適用しながら有効性と外的妥当性を検討していく課題があるだろう。また、プレイス・ブランディング研究からみれば、このモデルは観光地レベル（destination, tourism）に焦点を当てたものであり、これを市町村レベルや広域レベルにそのまま拡張することはできない。サンリオピューロランドは多摩市に立地するが、多摩市のシティ・プロモーションとイコールではない。市町村の集計レベルには複数の観光地が含まれており、シティ・プロモーションのなかに、われわれのモデルをどのように位置づけて適用できるのかも検討課題になるだろう。

2．実務的インプリケーション

調査した個々の観光地の自治体や関連企業にとっては、どのような経験価値が当地の愛着に関係するかを理解した上で、より効果的な施策を講じる実務的なインプリケーションが導けるだろう。四観光地に共通する有意なパス（経験価値⇓プレイス・アタッチメント）

は、「自己拡大」と「現地交流」であった。二つの経験価値は、すべての観光地で場所への愛着を高める影響を与えており、運営側や供給側にとって重要な経験の要素として関連する施策を充実させるのが有効である。プロモーションに「新しい自分を発見できる」といったフレーズを使用したり、観光スポットの店舗や施設で来訪客をもてなし、コミュニケーションを深める取り組みなどが有効だろう。

観光地別では、高尾山は「健康回復」「新奇体験」「疑似体験」、高幡不動尊では「新奇体験」、サンリオピューロランドでは「自然体感」「疑似体験」、立川アニメ聖地は「知識獲得」「新奇体験」が、それぞれプレイス・アタッチメントへプラスの影響を与える経験価値であり、観光プロモーションの施策に取り入れる手がかりになるだろう。また、立川アニメ聖地以外の観光地では、訪問回数と経験価値の向上がプラスで相関していることから、訪問回数を高める意義も確認された。当地への訪問回数が増えると、それぞれの経験価値も向上し、それがプレイス・アタッチメントを高めるという関係を想定した上で、運営側はリピーターを増やす仕掛けに取り組む必要を示唆できる。序章で触れたが、自治体が地域活性化の切り札として観光資源を重視するのに対して、地域資源を活用しようとする民間の事業計画の中で観光資源が取り上げられる件数は少ない。地元の観光資源を見直

図表終 -1　経験と場所のブランディング

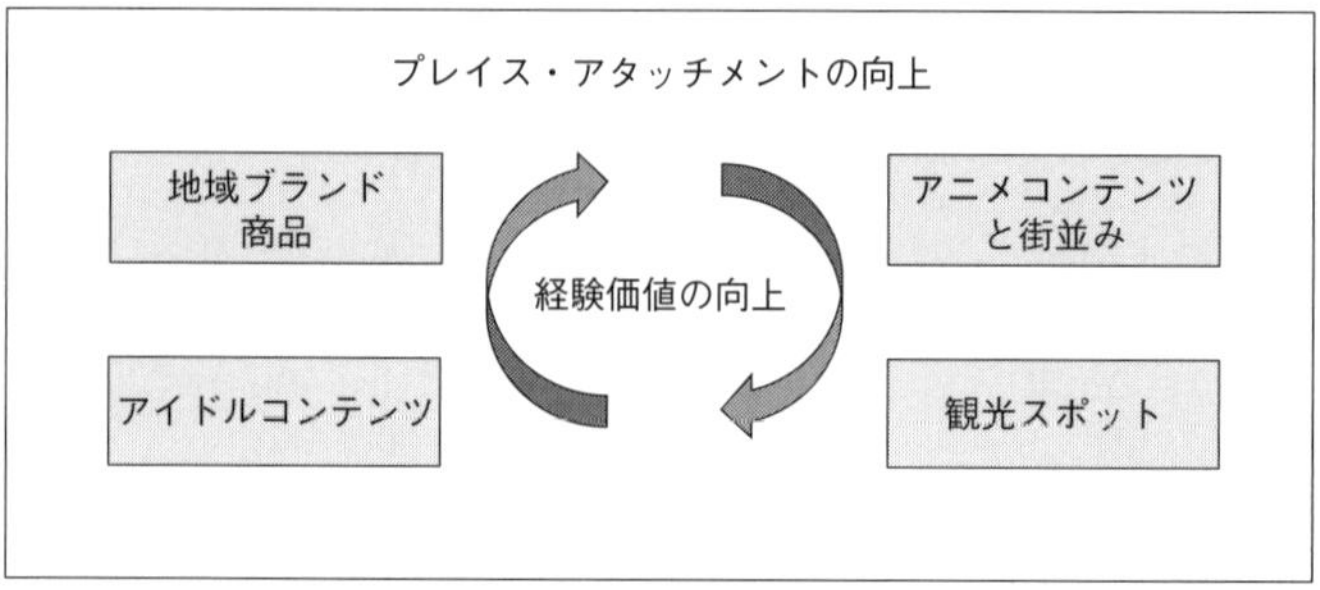

して観光事業計画を作成する際に、この経験価値をコンセプトづくりに生かせるだろう。

第3節　展望

地域の創生や活性化に有効な取り組みは何か。最後に本書の全体を要約すると**図表終 -1**のようになるだろう。ユーザーが地域ブランド商品、アイドルコンテンツ、またアニメコンテンツと街並み、観光スポットに出会って経験価値が生まれ、それが経済価値につながる。

ユーザーの経験価値はプレイス（場所）への主観的な意味形成を通して愛着につながっていく。本書でみたように、その出発点や経路は多様であり、そこでの参加者（アクター）も、自治体、企業、商店、大学、そしてユーザーと、また多様である。関係者それぞれの思いを形にするのは容易ではない。観光立国ニッポンとして日本の魅力が世界で注目されるなか、各地域が競争よりも適者の共存を目指して生きている姿を、本書では「経験と場所のブランディング」を通して、ミクロ経済学でいう独占的競争の状態を描き出してきたともいえる。地域ブランドで製品・サービス・コンテンツの差別化を図りつつ多数のライバルと競争・共存して利益を得る。しかし、今後、消滅する自治体が現れると地域と市町村の寡占化がいっそう進む可能性があり、そうなれば全国の中小規模の稀少な観光資源がますます埋もれていく心配もある。全国的な知名度は低いものの、圧倒的に大多数の中規模・小規模地域が二番手戦略として経験と場所のブランディングに取り組むことで、外国人旅行者も分散して訪れるような国のポテンシャルが発揮されるのを願ってやまない。

（おわり）

あとがき

本書の研究と制作には多くの機関と関係者から協力と支援をいただいたことを以下に記して感謝申し上げたい。

まず著者の三人が所属する明星大学からは、域学連携に対して関係部署から協力してもらうと同時に、本書の研究で学内の重点支援研究費の助成を受けた。自治体や関係機関、企業からも多くの協力と支援をいただいた。第1章の執筆には、立川商工会議所、立川観光協会、またアニメ制作会社から、資料提供や取材、講演など多くの協力をいただいた。第2章では多摩地域最古のビールに関する資料とプロジェクトの歩みについて、日野市役所の産業振興課とシティセールス課から関連資料の提供と講演で協力いただけた。二〇一九年は地元出身の土方歳三の没後一五〇年にあたる。第3章のローカルアイドルプロジェクトでは、日野市役所の広報関係部署の他、フィルムコミッション、また音楽制作に関して多くの方々から支援していただいた。第4章のローカルスイーツ開発プロジェクトでは、商品の製造販売元である紀の國屋の関係者から企画から販売に至るまで全面的な協力をいただいている。

最後に、本書の制作で株式会社千倉書房の川口理恵氏、山田昭氏にお世話になった。

二〇二〇年一月

大森　寛文・片野　浩一・田原　洋樹

主要事項索引

【著者紹介】

大森寛文（おおもり・ひろふみ）
明星大学経営学部教授
[著者略歴]
埼玉大学大学院経済科学研究科博士後期課程修了。博士（経済学）
主な著書：『人工知能を活かす：経営戦略としてのテキストマイニング』（共著）中央経済社，2019年。『マーケティングにおける現場理論の展開』（共著）創成社，2018年。『現場観察に基づくイノベーション・アイデア創発入門』三恵社，2015年。『知識探索的思考とビジネスデータ解析の実践論』三恵社，2015年。『ビッグデータを活かす：技術戦略としてのテキストマイニング』（共著）中央経済社，2014年。

片野浩一（かたの・こういち）
明星大学経営学部教授
[著者略歴]
筑波大学大学院ビジネス科学研究科博士後期課程修了。博士（経営学）
主な著書：『コミュニティ・ジェネレーション─「初音ミク」とユーザー生成コンテンツがつなぐネットワーク』（共著）千倉書房，2017年（第34回テレコム社会科学賞入賞）。『マーケティング論と問題解決授業』白桃書房，2009年。『マス・カスタマイゼーション戦略のメカニズム』白桃書房，2007年。

田原洋樹（たはら・ひろき）
明星大学経営学部特任教授
[著者略歴]
法政大学大学院政策創造研究科政策創造専攻修士課程修了。修士（政策学）
北陸先端科学技術大学院大学先端科学技術専攻博士後期課程在籍中（2023年3月修了見込み）
主な著書：『課長のための「やらない」教科書－チームマネジメントは、“最小限”でいい』三笠書房，2016年。『1年目から結果を出し続ける！営業マネジャーが必ずやるべきこと』日本実業出版社，2012年。『自走する力─あなたなら漂流人生を回避できる！』アートヴィレッジ，2013年。

経験と場所のブランディング

地域ブランド・域学連携・ローカルアイドル・アニメツーリズム

2020年 3月20日　初版第1刷
2022年10月20日　　　第2刷

著　者　大森寛文・片野浩一・田原洋樹

発行者　千倉成示

発行所　株式会社 千倉書房
〒104-0031　東京都中央区京橋3-7-1
TEL 03-3528-6901 ／ FAX 03-3528-6905
https://www.chikura.co.jp/

印刷・製本　藤原印刷株式会社
表紙デザイン　冨澤　崇

Printed in Japan〈検印省略〉
ISBN 978-4-8051-1203-8　C3063